Justo Germán Cantero

El libro de los ingenios: colección de vistas de los principales ingenios

Barcelona 2024
Linkgua-ediciones.com

Créditos

Título original: El libro de los ingenios: colección de vistas de los principales ingenios.

e-mail: info@Linkgua-ediciones.com

Diseño de la colección: Michel Mallard.

ISBN rústica ilustrada: 978-84-9953-598-2.
ISBN tapa dura: 978-84-1126-653-6.
ISBN ebook: 978-84-9816-545-6.

Sumario

Brevísima presentación

La vida

Justo Germán Cantero y Anderson (Trinidad, 1815-1870) era médico y estudió en Estados Unidos. Se casó con María de Monserrate Fernández de Lara y Borrell, y se dedicó a la fabricación de azúcar. Cantero fue mecenas del poeta cubano Gabriel de la Concepción Valdés (Plácido). Alexander von Humboldt y el naturalista alemán Juan Cristóbal Gundlach, considerado como el padre de la ornitología cubana, fueron también recibidos y hospedados por Cantero.

El libro de los ingenios

El libro de los ingenios: colección de vistas de los principales ingenios, del grabador Eduardo Laplante y Justo Germán Cantero, es uno de las más célebres y codiciados de los libros impresos en Cuba. Editado con maestría; contiene veintiocho grabados, diecinueve representan exteriores y nueve interiores de casas de caldera en los que se muestra escenas de la industria azucarera.

Fue impreso en la Litografía de Luis Marquier.

Real Junta de Fomento

Vamos a comenzar la publicación de una obra, sino perfecta y acabada, la primera que en su clase haya salido a luz de las prensas cubanas.

Esos grandes focos de producción, de elaboración y cultivo de un fruto que es, hace muchos años, la primordial y más abundante fuente de la riqueza y prosperidad de este bello y deleitoso país, no han ocupado hasta la fecha ningún cuerpo de obra especial, sino cuando más algunos artículos y memorias sueltas. Nosotros hemos procurado llenar este vacío con el libro de *Los Ingenios*.

No contamos para ello con nuestras débiles fuerzas solamente; el señor don Justo G. Cantero, ventajosamente conocido en todo el territorio de Cuba, por su posición y su fortuna, por su acendrado patriotismo, por la elevación de sus miras, y por su decidido amor al bien común, nos ha ofrecido cooperar con su buen juicio, con sus apreciables talentos y datos especiales, a la redacción del texto. Además los señores Hacendados, a quienes hemos comunicado nuestro pensamiento, nos han facilitado generosamente las verídicas noticias de sus respectivas fincas, y esperamos que todos los demás continúen favoreciéndonos de igual manera con las concernientes a las suyas.

No descenderemos a inútiles y minuciosos pormenores, ni todos los ingenios de la Isla, pueden figurar en nuestro libro. Aquellos más notables por la grande escala de sus productos, aquellos donde se hallen establecidas algunas mejoras o reformas de reconocida utilidad, y los que por sus circunstancias particulares arrojen alguna luz en la esfera de la elaboración y el cultivo, o den alguna idea útil para su historia, serán los que tengan lugar en nuestras páginas, ya en láminas aparte, ya en grupos, ya en notas ilustrativas.

Para que la obra sea digna del objeto a que se consagra, no hemos perdonado ni perdonaremos gastos ni esfuerzos de ninguna especie. Ajustada exactitud, redacción correcta, tipografía, láminas y papel de lujo, limpieza, claridad y esmero en todo, serán los datos que la constituyan. Si hubiéremos acertado a llenar un hueco que el adelantamiento material y social del país hacían en extremo notable, nuestro placer será cumplido, si no quedaránnos la satisfacción de haber puesto los cimientos a este nuevo y pequeño edificio para que, con mayor acopio de luces y talentos, lo mejoren y embellezcan los que nos sucedan.

Nuestra obra necesitaba de un poderoso Mecenas que la escudara con su nombre, y desde luego creímos que era un deber nuestro dedicarla a la Real Junta de Fomento de la Isla; a la ilustrada y meritoria corporación, que con su patriotismo y sus recursos ha contribuido de una manera tan ostensible al desarrollo y acrecentamiento de la riqueza agrícola y mercantil de este suelo que Dios bendiga. Si la acoge benévola y le presta su poderosa égida, el éxito no será dudoso, y quedarán digna y sobradamente recompensados los afanes y desvelos de los

Editores Eduardo Laplante-Luis Marquier

Introducción

Al presentar esta obra al público parécenos de suma necesidad una explicación para dar a conocer el motivo de su publicación y los deseos que animan a los que han tomado parte en ella.

La casualidad de estar viajando por la Isla Mr. Eduardo Laplante me proporcionó la adquisición de su amistad, y persuadido de su decidida afición al noble y bello arte de la pintura, me alborocé de hallarle en mi camino y proponerle que tomase las vistas de mis ingenios, lo que aceptó con agrado. Al ver la facilidad, gusto y exactitud del dibujo y sus no comunes conocimientos generales de nuestra agricultura, hablamos de lo conveniente que sería una obra en donde figurasen las fincas principales de Cuba y por este medio dar a conocer los adelantos y esfuerzos que impenden los agricultores para seguir la marcha universal del progreso y generalizar esos conocimientos en un país en el cual parte de sus habitantes tiene tan poca afición a viajar, séase por los malos caminos que, gracias al celo del Gobierno, de la ilustrada Junta de Fomento y de los buenos patricios, van desapareciendo con los vapores y ferrocarriles, o por el amor que nos inspira la localidad donde nacimos y pasamos los primeros días de la infancia, donde existen nuestros intereses, donde se nos ofrecen, en fin, las más dulces reminicencias.

Siendo este el primer libro en su género que se da a luz en nuestra fértil Antilla, fuera presunción creer que habíamos de llenar cumplidamente el objeto a que tienden nuestros trabajos. Conocemos nuestras débiles fuerzas y solo el fuego sagrado del entusiasmo patrio que arde en nuestros pechos nos da valor para presentarnos al público, guiados por la creencia de que estamos en el deber imprescindible de hacer algo, esforzándonos y trabajando según las escasas facultades con que el ser Supremo nos dotara, para promover por los medios posibles las mejoras y reformas necesarias al bien de la comunidad. También hemos confiado en la bondadosa cooperación de los inteligentes hacendados que nos han franqueado sus fincas con la mayor hospitalidad y facilitado apuntes de suma importancia para los textos, con un interés ardiente que en todos hemos notado por la felicidad de esta tierra querida.

Demasiado extenso ya este preámbulo, parécenos justo entrar de lleno en la materia que pensamos tratar, impetrando antes la benevolencia de nuestros lectores.

Desde los tiempos más remotos la agricultura se ha reconocido como la madre de todas las industrias. «No hay profesión, dice Liebig, que se pueda comparar en importancia con la agricultura: a ella le pertenece la producción del alimento para el hombre y los animales; de ella depende la prosperidad de toda la especie humana, las riquezas de los Estados y el acrecentamiento del comercio.» La tierra no solo paga con usura al cultivador con el precio de los frutos que recoge, sino que le presta y comunica fuerzas, salud y vigor para resistir a sus duras faenas. ¡Obra de la Providencia Divina que vela incesantemente y cuida con particular esmero de los que al bien de la humanidad, bajo cualquier respecto, se consagran!

Si los descendientes de Rómulo y Remo, fundadores del pueblo romano, hubieran dejado a sus agricultores solo tributar adoración a Flora y Pomona y no al fruto del botín, tal vez, la discordia civil no se hubiese entronizado derribando los altares de la Patria y no hubiese levantado sobre sus ruinas el solio de Calígula, Tiberio, Nerón y Vitelio. La época más floreciente de la república romana fue cuando se dispensaban las distinciones y alabanzas más honrosas a los que se ocupaban en esta industria, en cuyo tiempo sobresalieron gran número de escritores célebres como Varrón, Palladio, Catón, Plinio, Culumela etc. Los egipcios adoraban a Osiris por ser el primero que les enseñó a labrar la tierra y al buey Apis por los servicios que les prestaba. Los griegos veneraban a Ceres por que fue la diosa que inventó la agricultura. Los chinos veneran aún la memoria de Confucio (Con-Ju-Yre) no solo por haberles predicado benevolencia universal, justicia, virtud y honradez, sino porque les hizo conocer la importancia de la agricultura para su felicidad. Los cartagineses llevaron sobre las demás naciones contemporáneas el arte al más alto grado de perfección. Culumela nos hace saber que Mayo, uno de los generales más esclarecidos, escribió veintiocho libros sobre esta materia y que fueron traducidos al latín por orden expresa del senado Romano. Heroid, escritor griego contemporáneo de Homero, nos habla del arado que los antiguos romanos veneraban. Plinio refiere que el abono fue invención del rey griego Angeas, y Virgilio el cantor inmortal de los amores de Dido, aconseja el riego. Sabido es en nuestros días o sea en la era positiva de la agronomía, el estado fabuloso de prosperidad a que han llegado las naciones con el sistema del cultivo alternante y el apoyo que le ha prestado la ciencia moderna con la Geología, Mineralogía, Botánica, Química, Fisiología vegetal o Filosofía natural.

Inglaterra, Francia, Alemania, Prusia y los Estados Unidos gastan millones en adelantar su agricultura y sus razas de animales con sus granjas y establecimientos modelos. En Meltray, Petitbourg y en Jonkrlant se moralizan cultivando la tierra jóvenes que delinquieron; en Montbellet reciben la instrucción agrícola a que más tarde han de deber sus medios de existencia centenares de niños huérfanos, y hasta de los dementes saca partido en Bicétre la administración de hospicios de París. Por todas partes vemos asociaciones e institutos de agricultura representados por sus órganos y periódicos baratos para propagar los conocimientos.

Sería ajeno de los estrechos límites de esta publicación entrar detalladamente en la historia cronológica o natural de la caña, sus cualidades y principios constitutivos, climas, estaciones que le convienen, modo de arar el terreno y cultivarlo, abonos, riegos que le son útiles o nocivos; lo mismo que de la elaboración del azúcar, maquinaria, constitución del guarapo, procedimientos de defecación,[1] evaporación, concentración, granulación y purga.[2] Estas son materias para obras de mayor extensión y así solo nos limitaremos por las notas que hemos tomado de cada finca a dar algunas noticias interesantes, hacer un breve análisis de todo y enseñar prácticamente el modo de operar, los terrenos en que prospera con más ventaja la caña y los trenes para la elaboración que están actualmente en uso en la Isla.

Según los autores que hemos leído, el escritor más antiguo que nos habla del azúcar es Teofrates, que dice se tenían tres medios de sacar miel y el último expresa ser el de la caña. En la Sagrada Escritura solo encontramos que el sabio Isaías en sus *Profecías*, cap. 43, v. 24, dice a los Gentiles: «No me compraste caña dulce por plata». Scoffer manifiesta que en el antiguo Egipto, Fenicia y la India tampoco se hace mención de ella y que no se encontró en su camino por Arabia ese artículo como comercial hasta el siglo XI. Si confiamos en el testimonio de Estrabón en su historia de las Indias, cree-

1 En la defecación se recogía en depósitos el jugo de la caña parcialmente encalado, de donde, por medio de una bomba, se elevaba, y pasaba a través unos calentadores a las pailas. (N. del E.)

2 Purga: Acción de separar la miel del azúcar en las formas, según procedimiento usado en los antiguos ingenios. «Luego se lleva el azúcar a ciertas oficinas llamadas purifica- dores o casas de purga donde se dispone para que la miel se separe.» (*Diccionario universal de agricultura*, 1799.) (N. del E.)

remos que Nearco, almirante de Alejandro el Grande, como 300 años antes de Cristo, no solo vio la caña, sino que sabía que de ella se extraía el azúcar.

Mr. Eduardo Wray cree, sin embargo, de que los chinos afirman que el azúcar se ha hecho de la caña en China sobre 3.000 años antes de la citada época, y de concederle un innegable derecho a una respetable antigüedad en su fabricación, que de la India y no de la China es de donde la caña de azúcar emana. No es esta la opinión del sabio Humboldt que está en la persuasión de que, por las pinturas que ha visto en las antiguas porcelanas de China representando los diversos trabajos de elaboración del azúcar, el origen de esta manufactura debe referirse en dicho Imperio a una época muy remota y quizás inmemorial.

Dioscórides en el siglo I muy claramente dice que una clase de miel se encontraba en la caña; que crecía en las Indias y en la Arabia Feliz, Séneca y Lucano, que vivieron en tiempo de Nerón, y después Plinio se refieren a la azúcar de la caña con la advertencia de que solo se empleaba en la medicina.

A las Cruzadas se debe el principio del uso del azúcar en Europa, según Lafitau. El cultivo de la caña fue introducido en Chipre del Asia, donde en 1148 se plantó una cantidad considerable, y al mismo tiempo fue trasplantada a Madera y a las Islas Canarias, y hasta el descubrimiento de la América, esas Islas eran las que surtían a Europa de la mayor parte del azúcar que consumía. En 1420 don Enrique, regente de Portugal, hizo transportar la caña de Madera a Sicilia y en el año de 1506 lo fue a las Indias Occidentales.

El cultivo de aquella planta, según nos dice Mr. Knapp's en su obra de química aplicada a las artes y manufacturas, existía en las costas de Andalucía antes de la invasión de los Árabes; de aquella época, a mediados del siglo XV, el arte de elaborar el sumo de la caña para la producción del azúcar tuvo principio, aunque solo se fabricaba una especie de azúcar bruto o moscabado. En el año 1421 un veneciano inventó el arte de refinarlo, de donde dimana el nombre de «pains de Venise» que se ha dado a los panes de refino. En 1597 existía una refinería en Dresde.

El uso del agua de cal y albumen para refinar se describe por Ángelo Sala, al principio del siglo XVI; en su *Saccharologia* el nombre de *candi* se menciona en el *Alchinira* de Litario, 1595. Aún a lo último del siglo XVII el azúcar era demasiado caro para los pobres. Con el progreso de la civilización el uso del azúcar gradualmente ha llegado a ser una verdadera necesidad en las clases menesterosas, y el consumo consiguiente ha aumentado en grande escala; el uso del té, café y conservas de frutas ha sido una de las causas de su general introducción: así es que en todas partes encuentra un lugar preferente, desde los soberbios palacios hasta la más infeliz cabaña, en los festines durante la primavera gloriosa de la vida, cuando la fruición más perfecta del alma y sus más elevados deseos hacen de la tierra un Edén; en medio de esas escenas donde Dios puede mirar con complacencia los corazones enlazados por aquella misteriosa afinidad y simpatía jurándose eterna unión en felicidad o infortunio, y en el lecho de miseria y dolor en las manos del ministro de esperanza y alivio que nos ofrece los jarabes para ocultar el acíbar de las medicinas y contrariar las influencias de las enfermedades, que roban al filósofo su fortaleza y consuelo; en todas partes, por fin, se reconoce como uno de los productos más preciosos con que la Providencia ha dotado a sus criaturas.

Los portugueses llevaron esta planta a la Isla de San Thomas, y en 1520 había más de sesenta fábricas en ella. Mr. S. R. Porter anuncia que así que Colón descubrió el Nuevo mundo, Pedro Esteban llevó la caña a Santo Domingo, que

Miguel Ballestero natural de Cataluña fue el primero que extrajo el jugo y González Veloso el primero que lo redujo a azúcar; que en 1518, según relata Hevane, bajo la autoridad de Mártir, había veintiocho ingenios en la Isla y su cultivo se extendió con rapidez prodigiosa, rindiendo productos enormes.

Según Mr. Porter, en 1461 se llevó esta planta desde el Brasil a la Barbada y de allí a las demás Antillas. En 1643 hicieron azúcar los ingleses en San Cristóbal y los franceses en la Guadalupe en 1657.

En las *Memorias de la Real Sociedad Patriótica de La Habana* se nos informa que cuando los ingleses se apoderaron de Jamaica en 1656 solo había tres ingenios en esta Isla. Esta época marca el principio de la actividad en el fomento de los ingenios en las Antillas.

La Luisiana tardó medio siglo en empezar el cultivo de esta planta, sin embargo de ser, según varios autores, de los primeros artículos introducidos por los europeos en las vecinas islas de Occidente. Según Mr. J. B. Thorpe en un artículo que insertó en el *Harper Magazine* la caña fue llevada a la Luisiana hace unos cien años por los padres Jesuitas de la Isla de Santo Domingo, los que no solo importaron la semilla, sino también un número de negros que entendían la manera de sembrarla y convertirla en azúcar. Sobre los terrenos que ocupa la población de New Orleans fue donde aquellos padres empezaron a cultivar la caña. Ahora en un radio de 200 millas a cualquiera de los dos lados del gran Mississipi y en las orillas de sus tributarios, la caña florece tanto como se lo permiten las contrariedades de su ingrato clima. La zafra tiene que hacerse en noventa días so pena de ser destruida por la escarcha, y es preciso poner una quinta parte de su campo bajo la tierra para la semilla del año siguiente. Compárese esto con nuestro suelo predilecto que ostenta campos de caña que duran de veinte a cincuenta años, y tal vez se encuentre todavía la semilla del tiempo de Colon. Siendo la zafra de la Luisiana de 350.000 bocoyes[3] y pesando cada uno 1.000 libras, se verá que se pierde en la semilla la enorme suma de 70.000 bocoyes de azúcar.

Uno de los grandes trabajos que tienen que hacer es abrir zanjas sumamente costosas para las lluvias que caen a torrentes en aquella latitud y el agua que se filtra del río que ellos llaman *transpiration water*. Hay haciendas en las cuales en un espacio de una milla cuadrada se puede encontrar de 20 a 30 millas de zanjas: estas han costado años de trabajo e inteligencia, y aun con ellas hay ingenios que por no ser favorable el nivel tienen que valerse de máquinas de vapor. El terreno es tan bajo que en muchas millas de las orillas del río tienen de un lado y otro que poner un dique de 6 a 12 pies de alto que llaman *levees* para protegerse de las inundaciones; pues cuando por desgracia las olas del Mississipi rompen su prisión, llevan consigo el terror, la ruina y la muerte y solo se oye el grito: *The crevasse! The crevasse!*

Otro inconveniente que ofrecen, es el de no poder usar el bagazo como combustible: absorbe la humedad atmosférica y hasta la fecha parece que no han encontrado medio artificial de secarlo. Usan tres cuerdas de leña para hacer un bocoy de azúcar y les cuesta 3 pesos la cuerda; por consecuencia, por cada mil bocoyes desembolsan 9.000 pesos solo de combustible para la elaboración. Hay 1.500 ingenios en la Luisiana; una tercera parte tiene aún trapiches de caballos, y creen que es provechoso poner máquinas de vapor cuando la hacienda produce de 1.000 bocoyes para arriba.

3 Bocoy: Término procedente del francés boucaut, de origen germánico. Barril de gran tamaño de madera de roble, reforzado con unas tiras de metal. (N. del E.)

Muchos de los grandes ingenios de la Luisiana tienen aparato para refinar: será interesante reproducir aquí lo que dice uno de nuestros más industriosos e inteligentes vecinos. «Según los datos que tenemos, el ingenio Saint James tiene bajo de cerca 9.000 acres de tierra (272 caballerías nuestras); 1.500 acres (45 caballerías) de los cuales están en cultivo, divididos como sigue: 800 acres (24 caballerías) de caña, 294 acres (9 caballerías) de maíz, 150 acres (4.5 caballerías) cultivados por los negros para su uso, 10 acres (1/3 caballería) de olivos; el resto de los 1.500 acres, a los cuales se ha aludido, está ocupado con siembras de papas, fábricas, pastos y jardín; los demás de los 9.000 acres es de monte de donde se saca el combustible. Las fábricas consisten en la casa de vivienda y dependencias, veinticuatro ranchos con barandas al frente; cada rancho es de 40 pies cuadrados y contiene cuatro cuartos y un patio; un hospital de 64 pies cuadrados conteniendo siete cuartos y un gran barandaje; una enfermería para los criollitos de 15 pies cuadrados, un almacén, la casa de los operarios; una caballeriza con 100 pesebres, dos casas de madera cada una de 400 pies de largo, 100 de ancho y 34 de alto. La maquinaria consiste en una sierra de vapor y una bomba de lo mismo, en el río, para surtir la casa de calderas de agua, una máquina de 80 caballos para moler, tachos al vacío, un completo aparato para hacer y refinar 24.000 libras de azúcar en las veinticuatro horas, directamente del guarapo y todo por medio del vapor. El ganado consta de 64 mulos, 12 caballos, 16 bueyes, 145 carneros, 80 vacas. La dotación se compone de 250 esclavos: 107 hay trabajando en el campo, 2 son toneleros, 1 herrero, 2 maquinistas, 4 carpinteros, 20 criados en la casa, 4 enfermeros, 11 viejos que atienden a la caballeriza y 64 criollitos.»

Los gastos de esta finca ascienden a 20.000 pesos anuales que se emplean en pagar al administrador, maestros de azúcar y maquinistas, en el vestuario y alimentación de los negros y reparaciones de maquinaria y fábricas. La ración semanal de cada negro es de 5.5 libras de carne de puerco de la mejor calidad, harina suficiente y papas; a esto se agrega que cada siervo tiene sus puercos y gallinas y recibe anualmente dos mudas de ropa, dos pares de zapatos, una colcha de lana y un sombrero.

El valor de este ingenio es:

Tierras: 9.000 acres a 40 pesos	360.000
Fábricas	100.000
Maquinaria	60.000
Esclavos	170.000
Animales	11.000
Total	$701.000

Productos del ingenio en 1852:

Azúcar: 1.300.000 libras a 6 centavos	78.000
Miel: 60.000 galones a 36 centavos	21.600
Maíz: 9.000 barriles para el uso de la finca, leña: 3.000 cuerdas para la casa de calderas estimado el valor en	$14.400
Total producto	$114.000

Tenemos a la vista un estado anual de precios corrientes dado por Mr. A. R. Miltemberger, documento de sumo interés del cual aparece que el total producto de la Luisiana en veintidós años, desde 1834 a 1855, fue de 3.898.740 bocoyes calculados en $ 198.993.868 de los cuales los puertos del Atlántico tomaron 1.316.033 bocoyes y los Estados del Oeste 1.934.527. Resulta de dicho cuadro que la mejor zafra que ha hecho, fue la del año 1853 que llegó a 449.324 bocoyes con 495.156.000 libras de peso; pero desde entonces ha tenido inviernos muy húmedos y crudos y se ha ido disminuyendo la zafra, tanto que la de 1856 solo la calculan en

80 o 125.000 bocoyes, cantidad que no es suficiente para los Estados del Oeste.

El azúcar de la caña dominó el mercado de Europa hasta el descubrimiento del químico prusiano Margraf en el año 1747 quien probó que existía azúcar en varias raíces, particularmente en la remolacha; cuarenta y cinco años después se estableció por Achard la primera fábrica de este último fruto en Cumoon, de Silesia, por vía de experimento, sin conseguir por lo pronto muy halagüeños resultados; pero por el estado demostrativo que al final ofrecemos, se verá el vuelo que ha tomado rivalizando con la caña, sin embargo de haber pronosticado el barón de Liebig que no tendría porvenir.

La caña de azúcar, *saccharum officinarum*, clasificada en la Botánica como perteneciente al género *triandia diginia*, es una planta de la familia de las gramíneas; echa renuevos de 1 a 3 pulgadas de grueso y de 2 a 3 varas de alto, con nudos numerosos de donde parten las hojas, adquiriendo la longitud de una vara y que según se maduran se van cayendo; poco más arriba tiene cada canuto un ojo; al llegar a su madurez, lo que sucede generalmente a los diez o doce meses, echa en su ápice una flor. La caña está cubierta con una cáscara silisosa que envuelve un tejido como de malla leñoso pero poroso, una especie de médula en cuyas celdillas se encuentra el jugo azucarado.

Los naturalistas han entablado diferentes cuestiones sobre la caña: la primera, difícil de resolverse, se concreta a si es indígena del Nuevo Mundo o si procede de las Indias Orientales. Esta cuestión se ha discutido en las *Memorias de la Sociedad Patriótica* y por el padre Labat en una obra publicada en 1742 en la que asegura mediante varios curiosos datos, que la caña crece tan naturalmente así en América como en las Indias. Los señores Blachette y Zoega agregan que esta opinión ha adquirido un carácter de verdad después que el célebre navegante Cook encontró caña de azúcar en muchas islas del Océano Pacífico. A esto añade un escritor de las *Memorias de la Sociedad Patriótica*, de donde extractamos estas noticias, que parece, según la autoridad de Pedro Mártir en el libro 3.º de su primera *Década* escrita durante la segunda expedición de Cristóbal Colon verificada de 1493 a 1495, que en esta fecha se cultivaba ya la caña en Santo Domingo; pero puede suponerse que habría sido trasplantada allí por el mismo Colon en su primer viaje con las demás producciones de España y Canarias.

La otra cuestión es si la caña se da de semilla en alguna parte del globo. Sin embargo de las reflexiones de Porter, Bryan, Edwards, y los viajes de Bruce por el Egipto, Mr. Leonardo Wray demuestra que en ninguna parte se da la caña de semilla y no puede explicar por qué los agrónomos están tan ansiosos de obtener semilla de la caña, cuando no se puede esperar conseguir mejor clase que la de Otahití[4] o la de Salangore, cañas que bajo circunstancias favorables producen de dos a tres toneladas de azúcar seca por acre. ¿Qué más se puede apetecer? Necesario es ver la cantidad de caña que se requiere para poder conseguir una igual de azúcar, y formar una idea justa del producido enorme rendido por un acre de tierra. Se dice igualmente que el cálculo de los hacendados de Jamaica era sacar de la caña de planta dos toneladas de azúcar seco por acre.

La caña ofrece muchas variedades y diferentes colores. En la Isla se puede decir que solo se cultivan tres; pues la criolla que en algún tiempo fue la exclusiva, solo se siembra para comer. Mr. Dumont la defiende en su cuaderno publicado en 1832 y dice que llega una época al fin de la zafra, en que

4 La caña blanca de Otahití, fue descrita por primera vez por el capitán James Cook en 1778, en la isla de Tahití. Fue introducida en Cuba por Francisco de Arango y Parreño. (N. del E.)

la constitución de su rival es leñosa y difícil de moler; pero para las máquinas del día no hay caña dura. La de Otahití o blanca tiene todos los requisitos necesarios para ser preferida en buenas tierras y es la que está generalizada sin embargo de exigir más cuidado que las otras.

La caña de cinta de Otahití es casi la misma que la de Batavia; solo que la primera tiene rayas moradas y la otra encarnadas. Esta es preferida para los terrenos cansados o de mediana calidad por ser fuerte, de grandes dimensiones, crecer con más vicio y precocidad y ser más dura que la blanca, sobre todo si se corta en época avanzada; a los trapiches de bueyes les cuesta trabajo dar suficiente guarapo para los trenes. Como esta caña madura antes que la blanca, la zafra debe principiar por ella, principalmente si la falta de brazos nos obliga a comenzar la molienda en noviembre.

La caña cristalina tiene todas las buenas propiedades de la de cinta; crece con rapidez en donde la blanca sería indiferente y su guarapo es muy rico. Porter, Evans y otros nos describen varias especies y Mr. Wray nos dice que en el estrecho de Malacca y provincia de Wellesly hay ocho clases de caña principales; que la primera y mejor del mundo, a la cual da su preferencia y cuyo cultivo recomienda es la nombrada *Salangore* llamada por los Malayos de Malacca *tibbo coppoé* (caña de yeso) porque tiene alguna vez una cantidad considerable de una sustancia blanca resinosa en su tallo y es notable por la porción de pelusa que presenta en sus hojas que son muy anchas y fuertemente dentadas en los bordes: es de color más oscuro que la de Otahití y aunque se seque muy rara vez, se cae y entonces es preciso recogerla con las manos. Como caña de planta ha dado 6.500 libras por acre y aún más; por el modo imperfecto de fabricarla en Malacca, solo se saca 3.600 libras de azúcar seco por acre. Considerando la superioridad de nuestros terrenos de Cuba no extrañaría que se obtuviesen tres toneladas por acre. La caña crece firme y vigorosa, se conserva más derecha que la de Otahití, da guarapo muy abundante, de mucha calidad y fácil de clarificar, se elabora sin dificultad y produce un azúcar superior con brillante grano.

La caña de Salangore parece ser la misma cristalina o caña de yeso y primeramente llevada a la India por los ingleses y después a Jamaica, Cuba y los Estados Unidos. Sin embargo de que se considera superior a las demás, su armazón leñosa presenta tal solidez y resistencia, que se opone a la fácil extracción del guarapo y por tanto produce un rendimiento menor que el de la caña blanca, o sea de Otahití.

Una variedad nueva de caña de la China llamada *Infi o Shorgo sucre* se ha principiado a cultivar en la vecina Confederación con la semilla que está facilitando la oficina de patentes de Washington. Mr. C. Orth, del estado de Indiana, da una relación de los experimentos que ha hecho, habiendo conseguido 15 % de un excelente azúcar clarificado: del jugo que produce la caña podía también destilarse alcohol y una clase de bebida fermentada semejante a la cidra; y cree positivamente Mr. Orth, que dicha semilla puede plantarse y brotar hasta en una latitud de 42° Norte; por ejemplo, en los límites septentrionales del estado de Illinois se consigue azúcar de superior calidad, a razón de dos y media toneladas por acre, dando *cuatro cosechas* al año: es decir, que un acre dará ¡diez toneladas de azúcar al año! No es esto todo: el grano o semilla, da buena harina para alimento y el cogollo es excelente para los animales; su crecimiento es de 12 pulgadas por semana y se eleva a 13 pies ingleses de altura. El sorgo ofrece aún más ventajas: después de coger la semilla, de lo que llamamos *bandera* se hacen escobas y del bagazo se puede fabricar papel. Es necesario no descuidarse con tantas *virtudes* como reúne esta planta, las cuales si se convirtiesen en *verdades*, causaría una revolución en el comercio azucarero.

Después de haber establecido estos datos generales relativos al cultivo de la caña, vamos a referirnos a la Isla de Cuba en particular, que es la única que nos ha suministrado las observaciones necesarias para nuestro trabajo, a ella sola por tanto dedicado.

Sus terrenos se dividen generalmente en cuatro clases y la capa vegetal no mide por lo regular más que tres cuartas o una vara; la tierra negra que es preferida para el cultivo de la caña rinde de 200 a 240 cajas por caballería, término medio 4.250 arrobas de caña de Otahití, que es la mejor; con la presión de las grandes máquinas de vapor que se están introduciendo, se logra un rendimiento de 72 a 75 % de guarapo, graduando la velocidad, según se ha recomendado, en vuelta y media solamente por minuto, para evitar la reabsorción del guarapo; la bermeja (o mulata), siendo la mejor de esta clase la Indiana (negro rojiza), produce 150 cajas por caballería y la mulata (pardo roja) que da 100 cajas; las tierras areniscas y de cuyujíes producen unas 50 cajas y solo sirven para siembra de yerba de Guinea; la colorada constituye para los cafetales la clase de terreno que generalmente se ha preferido.

El número de ingenios establecidos en la Isla se eleva aproximadamente a 1.570, y aún cuando sea difícil determinar dicha cantidad con exactitud, pueden evaluarse mediante un cálculo aproximativo, en 2.000 las caballerías sembradas de caña. El número de labradores empleados en dichas fincas asciende poco más o menos a 200.000 a los que debemos añadir 11.000 chinos importados hasta la fecha en calidad de colonos asalariados y que proporcionan algunas ventajas. Por otra parte hallándose completamente prohibida la trata y haciéndose sentir cada vez más la falta de brazos, los dueños de ingenios no tienen más remedio que acudir al empleo de dichos colonos, aunque muy inferiores realmente en fuerza física a los negros y aun cuando su adquisición resulte más costosa, circunstancias que han hecho naturalmente más cara la mano de obra, y que ha dado margen a que no pueda conseguirse un negro regular de campo en menos de 800 a 1.000 pesos.

La caña de Otahití fue introducida en la Isla el año de 1795 por don Francisco de Arango, según datos que se nos han facilitado. En 1535 el Consejo de Indias apoyó la solicitud de Hernando de Castro pidiendo hacer un ingenio, que fue el primero de la Isla, siempre que se le concediese licencia para introducir cincuenta negros libres de derecho; pero en el *Bosquejo Económico* del señor don Mariano Torrente se dice que apenas comenzaba, aunque en escala menor, el cultivo de la caña y fabricación por los años de 1523, cuando el Señor don Felipe I mandó que a las personas más honradas que quisieran abrir ingenios se les prestase 4.000 pesos por la Real Hacienda, con obligación de devolverlos a los dos años. Mas no se desarrolló la industria azucarera en aquella proporción que pudiera esperarse del apoyo del Gobierno; así vemos, según don Ramón de la Sagra, que 250 años después era todavía insignificante dicha producción, y que aún en 1792 la exportación del indicado fruto no había pasado de 72.854 cajas.

Las fincas fueron adquiriendo con el tiempo mayor incremento, comenzando su establecimiento en las inmediaciones de La Habana de la cual se fueron alejando a medida que se hizo sentir la necesidad de buscar terrenos vírgenes en dirección de Matanzas y de la Vuelta Abajo. Esto no impidió que simultáneamente se hiciese lo mismo en otros puntos de la Isla, como en el valle de Trinidad en que se hallan aún ingenios de cerca de un siglo de existencia. Las localidades a que se ha dado la preferencia para el fomento de los ingenios y la producción del azúcar en la Isla son siguiendo el orden geográfico: la Vuelta Abajo, Bahía Honda hasta Guanajay y aún más allá, la costa del Norte desde La Habana hasta Sagua la Grande y el centro de la Isla, la Unión, Macurijes y Banagüises, puntos donde existen los ingenios más colosales; después Sierra Morena, Sagua, San Juan de los Remedios y Puerto Príncipe en que el número se va reduciendo gradualmente. Siguiendo la costa del Sur obtienen justificada preferencia toda la jurisdicción de Cienfuegos, Villa Clara, el hermoso valle de Trinidad y Sancti Spiritus; sin embargo de que en la misma dirección se encuentran algunos esparcidos, y hasta las inmediaciones de Santiago de Cuba no se presentan de nuevo agrupados, si exceptuamos Guantánamo y el valle de Santa Catalina principalmente el cual comprende los más hermosos del Departamento Oriental.

Los ingenios fueron establecidos primeramente con el fin de elaborar azúcar blanco purgado, continuando aún gran parte de ellos en dicha fabricación; sin embargo, de algunos años a esta fecha, se ha verificado una reacción que ha dado lugar a que muchos hayan principiado a no hacer más que moscabado o miel reconcentrada, a consecuencia de la disminución de brazos y su consiguiente carestía y de la más fácil salida que tienen las clases inferiores para las refinerías extranjeras y sobre todo por la dificultad que hay en obtener con nuestros trenes jamaiquinos azúcar blanco que pueda competir con el que se consigue con los procedimientos europeos, por nuestro método de usar el fuego y la cal para separar las impurezas vegetales del guarapo, que son sumamente perjudiciales a la elaboración.

Se ha probado por investigaciones científicas que la caña contiene de 18 a 20 % de azúcar cristalizable; pero que por el modo imperfecto de extraer el guarapo y la mutabilidad química que experimenta la elaboración, solo obtenemos si acaso la mitad. Los químicos Pelligot, Dupuy y Casaseca han encontrado:

	En la caña de Otahití.		En la caña criolla.
	De la Martinica.	De la Guadalupe.	De Cuba.
	Pelligot.	Dupuy.	Casaseca.
Agua	72.1	72.0	65.9
Azúcar	18.0	17.8	17.7
Materia leñosa	9.9	9.8	16.4
Sal	-	0.4	-

El sabio químico, señor Casaseca, en una memoria presentada a la Real Junta de Fomento dijo: que no bajaba la pérdida total de 68 % del azúcar contenido primitivamente en la caña, empleando el mejor trapiche de vapor, el mejor tren de cinco piezas, la mejor calidad de caña, el mejor maestro de azúcar y los mejores operarios. En el mismo año el ilustrado hacendado señor don Wenceslao de Villa Urrutia, en su informe sobre el tren de Derosne y Cail hace la siguiente observación:

> Mucho nos aprovechará, es verdad, la fertilidad de nuestro suelo, la virginidad de mucha parte de él; pero al ver que la ciencia y el arte han hecho producir a la desabrida remolacha el 8.5 % de su peso en la azúcar cuando la dulcísima caña no nos ha rendido a nosotros todavía sino el 5, temible es que aplicados a este vegetal en otras partes los mismos principios que han hecho aquel prodigio y quedándonos nosotros estacionarios, no alcance a cubrir la diferencia todo el poder de la naturaleza que hasta ahora ha sido el único amparo de nuestra privilegiada producción.

En las refinerías, nos dice el químico Scoffern, la cal se usa en pequeñas proporciones y como agua de cal, de cuyo modo su influjo pernicioso se modifica algún tanto, y aun en esta forma debe ser grande su agencia destructiva cuando se considere que cada meladura[5] sucesiva contiene la cal no solo de su operación, sino parte de la anterior, modificada únicamente por la cantidad de cal quitada en la filtración por el carbón animal. Además, en las refinerías usan la sangre, no obstante que muchos no lo quieren confesar, tal vez por el olor particular de esta materia, que no lo quita el carbón animal y que solo desaparece con la purga, séase que se emplee el sirope o se haga uso de otros procedimientos; así es, que el azúcar bastardo de las refinerías, cuyo aspecto es semejante al de nuestro moscabado, tiene un olor desagradable.

Grandes elogios merecen aquellos que se ocupan constantemente en buscar una materia que supla la cal. Se han hecho experimentos con los ácidos nítrico, sulfúrico, prúsico y oxálico; ni este último ni ninguno de los otros favorecen la cristalización.

La alúmina la he visto usar a Mr. Derosne con la idea de separar las materias colorantes y las impurezas vegetales del guarapo, pero lo abandonó por no haber conseguido de pronto un resultado satisfactorio. En los países de la remolacha usan el sulfato de alúmina con alguna ventaja. En calidad de agentes precipitantes de la materia albuminosa y colorante, según los químicos, son mejores los acetatos como el subacetato de plomo: el guarapo más negro con su uso se clarifica; lo mismo sucede empleando el nitrato de mercurio, pero no se ha podido quitar el exceso del plomo y por consiguiente

5 Meladura: Jarabe previo para hacer el azúcar. La formación de los granos o cristales de azúcar se produce tras la evaporación en el tacho de la meladura. (N. del E.)

sus propiedades venenosas con el gas ácido hidrosulfúrico, el ácido sulfúrico, el bifosfato de cal, etc.

Se me ha dicho que en algunos ingenios se piensa hacer experimentos que debemos desear salgan victoriosos, en busca de un nuevo agente defecador, en cuyo resultado está envuelta nuestra riqueza; pero al mismo tiempo que se tenga cuenta y se reconozca bien si las materias que se empleen no son perjudiciales a la salud. Mientras tanto se conformarán con la cal y el fuego de los trenes jamaiquinos los que no quieran arrostrar el trabajo y los grandes costos de los aparatos completos de refinar.

Los procedimientos empleados en la fabricación son generalmente los mismos que eran ahora treinta años, es decir que la mayor parte de los ingenios están montados con trenes jamaiquinos compuestos de cinco piezas, o dos clarificadoras y cuatro piezas; sin embargo, algunos propietarios acaudalados han montado los suyos con tal magnificencia que difícilmente se encontrarán en Europa fábricas que los sobrepujen, pudiendo decirse, sin temor de faltar a la verdad, que la Isla de Cuba es la colonia que más lejos ha llevado la loable ambición que consiste en obtener grandes productos de la mejor calidad. Todos los sistemas se han empleado en ella: las grandes instalaciones de Derosne, las de Rillieux, de Dod, de Rouseau, de Mourgue, además de los sistemas mixtos, uno de los cuales tiene por objeto poner el guarapo a treinta grados y pasar las meladuras a tomar punto en el tacho de vacío, consiguiéndose de este modo un grano hermoso, y en fin el de Ramos con el uso del color perdido.

En la Luisiana parece que se prefiere las pailas que anteriormente llamaban de palangana, se colocan mejor para que el fuego trabaje con más franqueza teniendo el mayor cuidado al poner las parrillas del tacho de modo que no sea la clarificadora la que reciba la llama y no hay necesidad de los gastos de empañadura de cobre que se suple con ladrillos; tienen la precaución de no dejar vacío el tacho por lo que les dura mucho tiempo; no dan paleta para tener grano grande, tanto que algunos no usan canales sino un carril que lleva un cajón al lado del tacho para que la meladura al cristalizarse sufra el menos movimiento posible. Usamos la cal, que es, según nos dice Mr. Shute Barrington Moody, el método inglés; el maestro de azúcar en la descachazadora de 400 galones al llegar la temperatura a 180° echa la cal que juzga necesaria, cantidad que generalmente varía de 6 a 30 onzas teniendo cuidado de no dejarla hervir para poder coger bien la cachaza: al tiempo de pasar a la clarificadora toma una copa de guarapo y queda satisfecho si ve que la forma mucilaginosa en hebra se eleva precipitándose la parte leñosa que deja un licor claro de color de ámbar pálido o vino de madera; de lo contrario agrega más cal; pero si encuentra que el mucílago no se coagula sin usar una gran cantidad que oscurece el guarapo, suspende la operación y recurre a la limpieza y espumaderas.

En los Estados Unidos se ha generalizado el uso del bisulfito de cal: a cada 400 galones de guarapo antes de clarificarse se le echa de uno a cuatro azumbres (*quarts*); su gravedad específica debe ser la guía. Es algo costoso: cada barril asciende en la Isla de 7 y medio a 8 pesos.

Hasta hoy no se han empleado los abonos sino en muy reducidas porciones de las fincas. Materia es esta de suma importancia y única esperanza como base de fertilidad para los terrenos cansados de nuestros ingenios viejos, donde las fábricas y demás gastos imposibilitan transportarlos a otros vírgenes. Sin embargo, muchos han sido desmolidos, abandonándose inmensos valores en fábricas que acaban por convertirse en ruinas. De sentirse es por tanto, que las construcciones no hayan sido hechas más ligeramente desde un principio y bajo condiciones que permitiesen el traslado a otro punto; con una tercera parte de la suma invertida en la edificación hubiese bastado; la facilidad del transporte hubiera en muchos casos acelerado la traslación y el país poseería un número mayor de grandes capitales.

Es sumamente desconsolador que nuestro mejor químico nos diga en su *Memoria* publicada en 1851, que no puede emitir su opinión respecto del particular, asegurando que los químicos ingleses, en países análogos al nuestro, no nos llevan hasta aquí ventaja.

Muchas esperanzas nos ofreció el guano, máxime cuando se nos recomendó por un químico tan distinguido como lo es el doctor Ure, que en su *Diccionario de artes y manufacturas* nos dice que para los agricultores de las Indias Occidentales es el mayor regalo, pues les proporciona el medio de restituir la fertilidad a los terrenos cansados; pero la experiencia nos demuestra, según el doctor Leonardo Wray, autoridad bastante competente, que el guano contiene gran cantidad de amonia; por cuyo motivo no es propio para el cultivo de la caña y debe considerarse como altamente dañoso para la formación y depósito del azúcar en la caña de planta, por lo que cree que ningún hacendado debe usarlo en sus campos. Generalmente nos contentamos con las doscientas o trescientas cajas que nos da una caballería de tierra empleando como abono la paja que se deja, y parece increíble que de esta suerte esté un terreno dando caña por muchos años. Cuando el terreno está un poco cansado, algunos se contentan con usar el arado antiguo empleando las cenizas que producen las hornillas lo mismo que los desperdicios de la casa de alambique y algún abono animal. La costumbre de mantener la boyada en el corte de caña, dice Wray, es la violación más grande de la ciencia de la agricultura, y más imperdonable todavía en aquellos que pueden tener cerca pasto de yerba de Guinea.

El riego para nuestros campos de caña es de la mayor importancia; pero la fertilidad de estos aún no nos ha hecho conocer su valor y lo miramos en lo general con alguna apatía. En el artículo que publican los señores Collantes y Alfaro en su *Agricultura práctica*, cuya lectura recomendamos, nos dicen que de todos los medios que puede usar la mano del hombre para ayudar a la agricultura, no hay ninguno tan fecundo en buenos resultados, tan poderosamente eficaz como el riego; por él se convierten en ricas praderas los arenales áridos y las tierras poco fértiles producen abundantes cosechas.

En cuanto al sistema de acarreo se efectúa únicamente en toda la Isla por medio de bueyes y carretas de dos ruedas, salvo en alguna que otra finca situada en terrenos llanos, en que se comienza a usar carretas de cuatro ruedas que presentan calidades más ventajosas para el transporte. El modo de llevar la caña al trapiche es de suma importancia; las carretas destinadas a este oficio deben ser livianas, de cama, anchas y arregladas de manera que se pueda cargar trozos de caña largos y que cada carreta lleve, si es terreno llano, la caña suficiente para producir cinco panes de azúcar.[6]

La yerba sembrada para el alimento de los animales es la de Guinea que se produce muy bien, y la misma caña proporciona en la época de la zafra sus cogollos que come con gusto el ganado. Pocos ingenios poseen potrero, motivo por el cual en la mayor parte de ellos se envían las boyadas a los más inmediatos durante el tiempo muerto, que es el que media entre junio y diciembre.

El alimento de las dotaciones consiste en tasajo, bacalao, una abundante ración de harina de maíz, plátanos y boniatos y en algunos puntos de la Isla comen todo el año carne fres-

6 Pan de azúcar: Masa de azúcar que se obtenía en las formas o moldes cónicos donde se cuajaba el azúcar en los ingenios. (N. del E.)

ca. Además, cada negro tiene un pedazo de tierra que trabaja a su beneficio, cría sus puercos y gallinas y en algunas fincas que tienen potrero se les permite una bestia.

Puede decirse en elogio de los propietarios que los sentimientos de humanidad son los que reinan, contribuyendo la ilustración de nuestros días al modo mejor con que son tratados nuestros siervos: así es que las agonías físicas que inflige el castigo se observan solo en casos muy extremos. Este trato benigno es causa de que se note un aumento considerable en el número de los esclavos nacidos, contribuyendo a esto el esmero con que son cuidados los enfermos.

También ha prosperado la destilación del ron y se ha empezado a atender como es debido: ya todos conocen los métodos más modernos y los alambiques franceses, ingleses, belgas etc. así como los aparatos destilatorios de Blumenthal, Sanguier y Coffeg, Derosne, Egrot, Shear and son etc. etc. Recientemente hemos recibido la obra que se ha publicado en París: Duplais, *Traité des liqueurs et de la distillation des alcools* que desearíamos ver traducida. El aparato que he usado es el de Shear and son de Londres y me ha dado magníficos resultados, produciendo por cada galón de miel un galón de ron, que es cuanto se puede desear. Sin embargo, personas muy inteligentes están en la creencia de que en donde hay necesidad de valerse de operarios extranjeros, el alambique que se adapta mejor es el de doble retorta que se usa en Jamaica con preferencia a los demás, porque cualquier negro lo puede manejar y dar el ron de 30 grados de Cartier con facilidad. En estos últimos años se ha establecido un considerable número de alambiques, algunos de ellos capaces de producir de quince a veinte pipas diarias, lo que equivale de 1.695 a 2.260 galones. Nos cabe la satisfacción de poder decir que cuando en la Exposición Universal de París los inteligentes estaban admirando el ingenioso sistema para aprovechar los escapes de vapor como gran economía de combustible, había tres años que se habían puesto en planta en la Isla, lo que demuestra cuan innegables son los adelantos en todo lo que se refiere a la maquinaria y a los aparatos perfeccionados.

La superficie de la Isla de Cuba es de más de 3.800 leguas cuadradas, sin contar la de sus cayos. Habiendo producido la Isla el año próximo pasado dos millones de cajas y calculando unas con otras solo a 100 por caballería, nos da cultivadas de caña 20.000 de esta, y suponiendo diez cajas por negro, nos da por resultado 200.000 trabajadores en su labor. Nos parecen algo reducidos los cálculos del señor de la Sagra en su artículo tercero sobre el capital que representan los ingenios en la Isla; pues solo estima empleados $ 83.780.000. El valor de los terrenos va en progresión ascendente; sin embargo muy difícil sería indicar con exactitud el de todos ellos en general a causa de la multitud de circunstancias que concurren a hacerlos variar. A pesar de esto admítese generalmente que la caballería de tierra de primera calidad, es decir, la de fondo y en terreno llano, cuesta 1.000 pesos sembrada de caña, 500 si no lo está y de 2 a 300 si no está desmontada; pero debe observarse que estos valores no siempre sirven de base a los precios de venta; pues una finca no se vende únicamente en razón de la calidad o cantidad de sus tierras, sino también y principalmente en atención al número de negros y animales que pertenecen a ella, a la clase de las fábricas y de los aparatos que sirven para su explotación, a su situación, cerca del mar o de algún ferrocarril y por consiguiente a la mayor o menor facilidad que ofrezca para la comunicación. El valor de los esclavos ha aumentado considerablemente de cuatro a cinco años a esta parte: hoy vale un buen negro de campo de 800 a 1.000 pesos.

Siendo a la vez las explotaciones de azúcar agrícolas, industriales y administrativas, difícil sería determinar con exactitud los gastos o el rendimiento positivo de un ingenio. La influencia de las localidades favorables, medianas y malas, muy dignas de considerarse por lo que respecta a la agricultura, no es la que más contribuye a determinar el costo; la inteligencia y los procedimientos industriales que se emplean marchan a la par con dicha influencia, si es que no la sobrepujan; mientras que la habilidad administrativa, las causas accidentales favorables o adversas y hasta la casualidad lo domina todo en un país en que existe la esclavitud. El valor de los ingenios varía desde 100.000 hasta un 1.200.000 pesos. La refacción de uno de 250 negros se puede calcular al año en 25.000 pesos y su producto, en terreno bueno, en 10 bocoyes de azúcar moscabado por negro.

La situación de los hacendados no es generalmente la más satisfactoria; muchos de ellos a pesar de los grandes rendimientos de las fincas, se encuentran en una posición embarazosa debida en parte a la extensión que casi todos dan a la explotación, a los compromisos que han contraído con el fin de mejorar la suerte de sus esclavos y aumentar las boyadas, en una palabra, de dar mayor amplitud a sus ingenios y perfeccionar sus productos. Los gastos que nos presentan del extranjero por llevarles una caja de azúcar son también una cosa en extremo curiosa. Una cuenta de venta nos ofrece: flete, derechos, acarreo, corretaje, seguro contra fuego, ídem marítimos, entrada en la Aduana, pérdida en el peso, almacenaje, comisión de venta, interés sobre los gastos etc. etc., no bajando todo esto en los Estados Unidos de 11 pesos por caja. A los hacendados se les ha agregado la dificultad que han encontrado para conseguir dinero; a veces por no hallarlo a ningún interés algunos han tenido que presentarse y otros se han visto precisados a ponerse en manos de los refaccionistas. No es raro, pues, ver que los adelantos pecuniarios hechos al hacendado pesan después sobre él, aumentados con un rédito que a menudo pasa de un 20 %: pero gracias a los esfuerzos y conocimientos generales de administración pública que ha desplegado el general Concha, que lleva a Cuba en alas de la prosperidad por medio del crédito, el vapor y la electricidad, tenemos el establecimiento de los bancos en la capital, en donde las buenas firmas consiguen el dinero al 6 % y pronto se tendrán sucursales en las principales poblaciones con lo cual cambiará la suerte de los hacendados.

Y no se ciñe a estas solas mejoras las que el ilustre Jefe citado ha introducido en favor de los agricultores; pues en sus repetidas excursiones por el interior de la Isla ha conocido la necesidad de establecer escuelas en los partidos con el objeto de elevar la condición social de los campesinos, cuya reforma desearíamos se llevase a efecto con toda escrupulosidad; viendo a la cabeza de esos establecimientos a hombres bien pagados que fuesen capaces de imbuir en los alumnos algunas ideas de la Química aplicada a la Agricultura, del arte veterinario para perfeccionar las razas de animales, prevenir sus enfermedades o curarlas, y tener un pedazo de tierra para enseñarles prácticamente el uso de los instrumentos nuevos, principalmente los aratorios.

La Isla de Cuba, la más hermosa de las Antillas, bañada por las olas del Océano Atlántico, situada entre las dos Américas, fue descubierta por el mismo Colon en 28 de octubre de 1492 a los 76° de longitud al Oeste de Cádiz y a los 23° de latitud boreal (Longitud 76° 4' 34" latitud 23° 9' 26").

El estudio de su historia natural aún está en la infancia: a los señores Poey, la Sagra, Lembeye, Gundlach, Auber y Casaseca debemos las investigaciones de las producciones animales, vegetales y minerales. Los mamíferos indígenas se reducen a unas veinte especies, las aves a doscientas y cuarenta, los reptiles a cincuenta, sin que se halle ninguno venenoso, los peces a quinientos, los anulosos y moluscos son numerosos, así como los zoófitos. De sus fósiles dice el ilustrado cubano Poey que la Isla de Cuba, como todos los países del globo, ha estado un tiempo bajo las aguas del Océano y conserva numerosos testigos de este hecho universal en diferentes fósiles, siendo uno de ellos el diente gigantesco de una especie de tiburón que Lacèpede refiere al *Squalus Carcharias*, que supone existe en todos los mares con dimensiones antidiluvianas, pero que los autores modernos traen como distinta especie con el nombre de *Carcharodon megalodon*.

En el reino mineral escasea el oro y la plata: el cobre y hierro abundan más; la serpentina, el cristal de roca son comunes acompañados muchas veces de la calcedonia y se han encontrado cristalizados. No escasea el mármol y se halla carbón de piedra cargado de asfalto o chapapote.

El reino vegetal en sus bellísimas, útiles y variadas especies, en número considerable, creo no tiene rival. Conocidas estas ventajas y antes de pasar adelante no nos parece desacertado esperar de la sabiduría, espíritu público y liberalidad de la primera autoridad, que proponga se nombre por la rica Junta de Fomento, que tanto ha influido en el adelanto del país, una comisión compuesta de cuatro o más personas competentes, de conciencia y saber, para que hagan un reconocimiento científico de la Isla y que anualmente presente cada cual la relación de sus investigaciones geológicas, mineralógicas, botánicas o zoológicas, pues esto puede arrojar mucha luz para el cultivo de la caña y tener otras aplicaciones interesantes. Para conseguirlo, sería preciso pagar convenientemente a los empleados y facilitarles las obras que necesitasen, que son sumamente caras y sabido es, según el dicho de un naturalista, que tan imposible es a un estudiante trabajar sin libros como a un mecánico sin instrumentos.

Volviendo a nuestra interrumpida narración, magnífica es la vista que presenta la Isla de Cuba: su suelo es el predilecto de la Providencia para el importante cultivo de la caña por la naturaleza de sus terrenos fertilizados por caudalosos y cristalinos ríos, por el estado y variaciones de su atmósfera benigna y húmeda y sobre todo por el calor vivificante de su Sol tropical. Hermosa perspectiva ofrece la fuerza de su vegetación; en donde está sembrada la caña se miran llanuras de color de verde esmeralda y se ven ondear como las olas del mar sus banderas blancas cual si fuesen el emblema de la paz y la abundancia; sus jardines, donde las flores nunca mueren ni sus pájaros encuentran el invierno que los haga huir a lejanas regiones, están cercados de rosas, jazmines y azucenas, sus alamedas de granados, limones y naranjos; sus elevadas montañas están cubiertas de maderas preciosas y pastos excelentes y para dar el último colorido a este bello cuadro, así como los clásicos percibían las Diosas coronadas de violas y mirtos para hermosear, dar vida y animación a sus escenas silvestres, las dríadas vestidas de musgo reposaban en las frescas grutas y se asociaban en las alamedas, y el eco les repetía palabras de consuelo y amor, así tenemos nosotros nuestro ángel tutelar de los montes en la majestuosa palma, la reina de la vegetación, que parece ha sido colocada por Dios sobre las demás plantas, «para que salude al Sol en su venida, la dore el primer esplendor de la mañana y se detenga en su cumbre la luz del moribundo día», y si el céfiro en su extravío desprende algunas de las plumas que forman su corona, es para demostrarnos lo perecedero de las aspiraciones humanas y que nuestra más noble y elevada misión en la tierra es mirar al cielo, adorar al Supremo Ser y abrigar la esperanza de ser admitidos cariñosamente en el jardín del Paraíso en que irradian los destellos de la Divinidad.

Trinidad 1857.
Justo Germán Cantero

Producto y consumo general de azúcares en 1855

POSESIONES.	Remolacha. Libras.	Maple. Libras.	Caña. Libras.	
Españolas			892.670.000	
Inglesas			896.193.600	
Francesas	173.913.043		57.333.350	
Holandesas			142.000.000	
Estados Unidos		32.759.263	300.000.000	
Brasil			260.000.000	
Dinamarca y Suecia			20.000.000	
Alemania, Bélgica y Rusia	276.086.900			
México, Venezuela Colombia,} Perú, Egipto y China}			182.300.000	
	449.999.943	32.759.263	2.750.496.950	
			449.999.943	= 3.233.256.156 *libras.*
Esta cantidad de existencias del año anterior para igualar la suma del consumo del año presente				139.377.813 *libras.*
				3.372.633.969 *libras.*

Subdivisión del consumo

	POBLACIÓN.	Libras.
España y sus posesiones	19.805.868 x	12 = 237.670.416
Inglaterra, Escocia e Irlanda	28.944.843 x	30 = 868.345.290
Posesiones inglesas en América inclusas sus Antillas	2.371.763 x	12 = 28.461.156
Ídem en la India	138.474.656 x	1 = 138.474.656
Alemania	38.715.600 x	7 = 271.009.200
Holanda y sus posesiones	7.294.318 x	15 = 109.414.770
Francia y sus posesiones	36.000.000 x	11 = 396.000.000
Bélgica	4.242.600 x	9 = 38.183.400
Estados Unidos	27.000.000 x	30 = 810.000.000
México y Guatemala	9.000.000 x	6 = 54.000.000
Brasil	5.000.000 x	16 = 80.000.000
Resto de las Américas del Sur	9.273,640 x	6 = 55.641.840
Portugal y sus posesiones	5.162.000 x	4 = 20.648.000
Italia	22.577.459 x	2 = 45.154.918
Suiza	2.188.009 x	2 = 4.376.018
Dinamarca y sus posesiones	2.232.965 x	6 = 13.397.790
Suecia y Noruega	4.304.599 x	3 = 12.913.797
Rusia	62.500.000 x	2 = 125.000.000
Turquía y Egipto	20.000.000 x	1 = 20.000.000
China	227.000.000 x	$^{3}/_{16}$ = 42.562.500
Resto de población del Mundo	44.166.976 x	$^{1}/_{32}$ = 1.380,218 = 3.372.633.969 *Libras.*
	716.255.296	

Remolacha	449.999.943 = 1.124.999	cajas.
Maple	32.759.263 = 81.898	id.
Caña	2.750.496.950 = 6.876.242	id.
Falta en el producto	139.377.813 = 348.444	id.

	3.372.633.969 = 8.431.583	cajas de 16 arrobas.

Azúcar de Maple, producto de los Estados Unidos

	Libras.
Maine	87.541
New Hampshire	1.292.429
Vermont	5.159.641
Massachusetts	768.566
Connecticut	37.781
New York	10.310.764
New Jersey	5.886
Pensilvania	2.218.644
Maryland	47.740
Virginia	1.223.905
North Carolina	27.448
South Carolina	200
Georgia	50
Alabama	473
Mississipi	110
Luisiana	260
Arkansas	8.825
Tennessee	159.647
Kentucky	388.525
Ohio	4.521.643
Michigan	2.423.897
Indiana	2.921.638
Illinois	246.078
Missouri	171.943
Iowa	70.680
Wisconsin	661.969
Minesota	2.950
	32.759.263 = 81.898 cajas de 16 arrobas

Azúcar de remolacha

Francia	80.000.000	kilogramos.
Zolverein	75.000.000	Ídem.
Austria	13.999,974	Ídem.
Bélgica	65.000.000	Ídem.
Rusia	24.000.000	Ídem.
Demás países de Europa.	7.500.000	Ídem.
	206.999,974	kilogramos.

Francia, su dicho	80.000.000 ÷ 46 = 173.913.043	libras.
Alemania. Bélgica. Rusia, su dicho	126.999,947 ÷ 46 = 276.086,900	id.
	206.999,974 kilogramos. = 449.999,943	libras.
	= 1.124,999 cajas de 16 arrobas.	

Almacenes de Regla

El notable incremento que ha tomado en estos últimos años el comercio del azúcar en La Habana, demandaba con imperiosa necesidad la construcción de algunos depósitos de gran capacidad para recibir este precioso y delicado fruto. Tan crecido era el número de cajas que anualmente entraban en dicha ciudad, que a más del ruido y confusión insoportables que causaban en las calles los carretones que las conducían, deterioraban su pavimento de una manera considerable. En 700.000 pueden calcularse los viajes de carretones que se han quitado del tráfico de La Habana; que a parte de los males que apuntamos antes, movían y formaban gran cantidad de lodo que las lluvias arrastraban a la bahía, con menoscabo de sus buenas condiciones de fondeadero y anclaje para las naves. Estas y otras consideraciones no menos importantes, hicieron nacer en algunos capitalistas la idea de emprender la construcción de los Almacenes de Regla.

La parte del terreno que ocupan dichos Almacenes, era un arrecife al Suroeste del pueblo de Regla. Situados ellos al Este Sureste de la bahía de La Habana, ningún punto mejor podía haberse elegido para estas construcciones; pues resguardados por el pueblo de Regla y su bajo por un lado, por lomas al fondo y por la ciudad de La Habana a su frente, las aguas están constantemente tranquilas como en una dársena, siendo muy raras las veces en que los buques atracados a sus muelles no puedan verificar la carga o descarga de sus mercancías. El Noreste o brisa, que es el viento más general que en la bahía reina, permite a los botes hacer la travesía no solo cargados desde los muelles al costado de los buques, sino también descargados a su vuelta, siendo el costo de conducción a bordo, desde los Almacenes, menos que de cualquier otro punto de la bahía. También están situados en la parte más ancha de aquella, y de consiguiente los buques cargadores y costeros pueden situarse muy cerca de los Almacenes, sin impedir el tráfico en sus aguas a toda clase de embarcaciones.

Los Almacenes de Regla se empezaron a construir a mediados de 1843 por una compañía anónima, con solo un capital de 150.000 $. El primer edificio de ocho naves con 135 varas de frente y 80 de fondo, o sean 10.800 varas cuadradas sin pared alguna en el interior, con techo sostenido por 210 pilares de cantería, quedó concluido a fines de 1844. En dicho edificio pueden estar almacenadas a la vez 50.000 cajas de azúcar, con la debida separación de marcas y clases, y el fruto de cada ingenio separado de los otros.

La primera zafra que se recibió fue la de 1845; en ese año no entraron sino 46.848 cajas de azúcar, por ser contra la costumbre que había de almacenar los azúcares dentro de la ciudad, con mucho mayor costo que en dichos Almacenes, en los cuales se pagan 3 reales o sea 37.5 centavos de peso por cada caja, incluso el recibo, el almacenaje por un año, la entrega, el peso y la reparación de las cajas. En la ciudad, por ser necesario pagar el almacenaje, la conducción de las cajas desde el muelle al almacén del hacendado, y desde éste a bordo, el costo es de 7 a 8 reales.

Posteriormente se construyeron dos edificios más, uno enteramente igual al primero, y el otro de 135 varas de frente con 100 de fondo o sean 13.500 varas cuadradas.

El capital de dicha primera compañía fue también en aumento, y llegó a tener invertidos en edificios muelles y otras pertenencias más de 600.000 pesos.

En el año de 1850 se formó una segunda compañía, también anónima, con un capital de 500.000 pesos; construyó un edificio de 171 varas de frente y 100 de fondo, o sean 17.100 varas cuadradas, con diez naves, sin pared alguna en el interior, y el techo sostenido por 342 pilares de cantería, el cual se concluyó a fines de 1851.

Ambas compañías se unieron en enero de 1854, y hoy forman una sola que se titula compañía de Almacenes, con un capital de 1.500.000 pesos, del cual como dos terceras partes están invertidos en sus terrenos, almacenes, muelles y otras propiedades.

Por todo el frente de los Almacenes, de mampostería y teja, hay un muelle cómodo de 8 varas de ancho, todo de madera dura, con agua suficiente para buques de 20 o más pies de calado, con una extensión de 660 varas, sin contar los muelles de los costados que tienen otras 200. Cada uno de los cuatro edificios tiene en todo su frente un colgadizo de 16 varas de ancho, y el otro colgadizo por todo su costado que cubren más de 10.200 varas cuadradas. Estos extensos colgadizos sirven para proteger los efectos que se embarcan o desembarcan en casos de lluvia repentina y para la debida separación de marcas y calidades. En el interior y en toda la extensión de los Almacenes, hay maquinaria para izar y bajar las cajas y los demás bultos, circunstancia a la cual se debe que los envases, al entrar y salir, no se estropeen ni dejen perder nada de su contenido.

Cada edificio tiene solo un techo que lo cubre, con lucernas en él; siendo bastante la cantidad de luz que arrojan, a permitir aun en el mal tiempo, el verificar todas las operaciones de peso y demás, quedando lista la carga para aprovechar los momentos de buen tiempo para su embarque. Las puertas y ventanas del frente, del fondo y de los costados, que son muy altas lo mismo que los techos, proporcionan al edificio mucha ventilación, y contribuye a la conservación de los efectos almacenados en ellos, condición tan indispensable a los azúcares. Las aguas que se recogen de los techos, que están construidos con tanta solidez que resistieron los dos huracanes de 1844 y 1846, bajan por cañerías en el interior de los pilares del centro de los edificios y por cloacas van al mar. De modo que los Almacenes y colgadizos de la compañía cubren más de 62.000 varas cuadradas de terreno, sin contar las que ocupan las oficinas, barracones y otras dependencias, y aún pueden construirse otros edificios, pues la compañía posee sobre 200.000 varas cuadradas de terreno.

Esta compañía ha establecido una caja de depósitos y descuentos, y uno de sus objetos es hacer adelantos de dinero a módico interés, sobre azúcares y otros efectos depositados en sus Almacenes: facilidad de mucha consideración para las personas que quieren asegurar frutos para embarcar después, para los especuladores y para los hacendados, cuando las ventas dificultan por falta de buques o por cualquier otra causa.

En el año de 1853 se acumularon, a la vez en estos Almacenes, más de 180.000 cajas de azúcar, y aún hubieran podido almacenarse muchas más en ellos, y también en sus colgadizos, que no llegaron a ocuparse.

Estado de las entradas de cajas de azúcar en los Almacenes de Regla

1845	1846	1847	1848	1849	1850	1851
46.848	118.481	230.895	318.919	316.081	401.475	522.300

Almacenes de San José

A mediados de 1853 se formó una compañía anónima, con un capital de 450.000 pesos, dividido en 450 acciones, cuyo objeto fue edificar Almacenes de depósito en toda la área adyacente a la parte interior de la muralla de la plaza, desde la puerta del Arsenal hasta el baluarte de la Tenaza, y en la dársena terraplenada que se extiende desde dicho baluarte al de San José, construyendo también el ramal de camino de hierro que ha de comunicar dichos Almacenes con el paradero de Villanueva.

Teniendo por base de sus operaciones el mismo plan que el seguido por los Almacenes de Regla, excusado es entrar en pormenores ya referidos.

Dichos Almacenes se componen de dos cuerpos distintos; los Almacenes altos y los bajos. Los altos de mampostería y azotea sostenidos por pilares en el interior, miden 414 varas de largo y 16 y tercia de ancho, con 7 varas de altura. La superficie es de 6.760 varas cuadradas, y sigue el camino de hierro en toda su longitud. Los bajos tienen frente al mar 173 varas y 60 de fondo, con 7 varas de puntal. La superficie del piso es de 10.380 varas cuadradas. Del almacén bajo solo la tercera parte está cubierta.

Reina en todo el frente un muelle corrido de 13 varas de ancho, con tres pescantes, y en el centro de dicho muelle habrá un gran pescante especial para desembarcar las piezas de maquinaria de tamaño mayor y peso. A principios del presente año de 1855 empezó la compañía sus operaciones.

Vista general de los almacenes de Regla y parte de la bahía de La Habana

Departamento Occidental. Jurisdicción de Cárdenas. Partido de Guamutas

Ingenio Flor de Cuba, de la propiedad de los señores de Arrieta

Este Ingenio, ubicado en las haciendas de Banagüises y de Laguna Grande, está situado a 1.5 milla de distancia del paradero de Pijuan, tronco primitivo del ferrocarril del Júcaro, y dista unas 12 leguas de la bahía de Cárdenas. Por el Norte linda con el ingenio Neda, perteneciente a la señora viuda de don Antonio Fernández Criado; por el Sur con el potrero La Deseada, del señor don Fernando Diago, con los terrenos de la sucesión de don Lorenzo Hernández y con el potrero de don J. Armas; por el Este con los terrenos de los señores Sánchez Mota, y con los ingenios Tinguaro y Guamuticas; por el Oeste con el ingenio La Conchita, de don Tomas Juara y Soler, y con las tierras del señor don Julián Zulueta.

Se compone de 93 caballerías de tierra, de las cuales cuenta sobre 45 caballerías de caña de Otahití en buen estado de cultivo, y 20 más en estado de demolición, que quedarán en el presente año selladas de caña cristalina, por ser la que la experiencia ha demostrado convenir más a los terrenos ya explotados por un primer cultivo, y con cuya siembra se preparan a hacer sus dueños una gran zafra para el año de 1858.

En los mismos terrenos poseen un sitio de viandas, de 8 a 9 caballerías de tierra con sus correspondientes fábricas, y que ya en el día produce muchas viandas, que sirven para alimentar la mayor parte de su dotación.

El terreno es en su casi totalidad negro, de masa, con barro margoso a las dos tercias; por su forma, que es de carapacho, le ha facilitado la naturaleza un perfecto y fácil desagüe, sin que el declive sin embargo sea tal que permita fácilmente la degradación del terreno.

El batey de dicho Ingenio ocupa una extensión de caballería y 2/3 de tierra.

En la parte Sur de la finca, que es donde se halla situado el sitio de viandas, el terreno es elevado, abunda en hermosas canteras de piedra caliza, formando allí la Isla un camellón de donde las vertientes corren unas al Sur y otras al Norte, y domina por su posición topográfica toda la campiña, disfrutándose desde la casa de vivienda, situada en la parte más elevada de la loma, de un pintoresco panorama, en cuya vasta extensión se divisa una gran parte de las innumerables fincas que pueblan la rica jurisdicción de Cárdenas. A unas 1.000 varas al Este de la casa de vivienda, se halla la casa en que habita el médico; y del lado opuesto a poco menos distancia, un espacioso tejar con dos hornos, para suministrar al Ingenio toda la obra que pueda necesitar para su consumo.

Esta fábrica está cobijada de tejamaní de cedro, y a su frente tiene una pisa octogonal, cubierta de teja de canal, donde se preparan los materiales. A un lado y otro del tejar se hallan dos magníficos pozos por los fértiles manantiales que contienen, y que suministran al Ingenio durante la zafra de 400 a 500 pipas de agua diarias, extraídas por medio de dos bombas de fuerza colocadas en cada pozo, empleándose para hacerlas funcionar una maquinita de vapor locomovible; dichas bombas envían toda esa agua por una cañería al centro de los establecimientos colocados a unas 1.200 varas de distancia al Norte.

Este Ingenio lo empezó a fomentar el señor don Pablo de Arrieta el año de 1838, en 20 caballerías de tierra, habiéndosele agregado después todas las demás de que se compone hoy día, a punto de poder ser citado en la actualidad por la cantidad y calidad de su fruto entre los ingenios más importantes y dignos de visitarse de la Isla. Su actual producción es de 9 a 10.000 cajas de azúcar de primer producto y de 1.000 a 1.200 bocoyes de moscabado.

Entre los establecimientos de la loma y el batey y al pie de la hermosa destilería que los señores Arrieta acaban de construir, se halla una vasta represa que contiene de 30 a 35.000 pipas de agua, formando los muros de contención un puente, que establece la comunicación entre el batey y la loma y los campos situados al otro lado de la represa. Otra cañería independiente de la de los pozos, conduce el agua a las fábricas para sus necesidades. El espacioso batey es todo llano y está perfectamente zanjado para su desagüe. Las numerosas fábricas, por su regularidad y simetría, ofrecen a cierta distancia al viajero el aspecto de uno de esos lindos pueblos manufactureros europeos, y sorprende tanto más agradablemente cuanto que por la idea que se tiene formada de esta clase de establecimientos en los trópicos, se halla uno distante de creer encontrar la vida, el orden y la industria que tanto distinguen a aquellos en el viejo mundo.

Las espaciosas fábricas de que se compone dicho ingenio, son casi todas de mampostería; están construidas con solidez y buen gusto, y sin embargo de no tenerse idea en la época que se empezó a fomentar dicha finca del desarrollo extraordinario a que podía llegar en lo sucesivo nuestra industria azucarera, que tanto fija hoy día la atención de nacionales y extranjeros, por la distribución y el orden en que están colocadas, por la unidad que ha presidido a su distribución y por la inteligencia con que se ejecutan todos los trabajos, causan una impresión favorable a los que las visitan.

En el centro de ellas y del batey, se halla la elegante y espaciosa casa de calderas y molienda de 125 varas de largo sobre 70 de ancho. El cuerpo principal está fabricado de tal manera que se destaca de los colgadizos, dejando en derredor una apertura o saltillo, para la salida de los vapores, la introducción de la luz y la circulación del aire, y se halla cobijado de tejas planas; el resto del edificio formando casi azotea, está cubierto de zinc. Las paredes de elevado puntal, forman arcos de medio punto, adornados de graciosas cornisas que comunican a toda la fábrica un aspecto de suma ligereza y elegancia. Formando escuadra con la casa de calderas, se hallan en la misma dirección y contiguas, las dos casas de purga que ocupan una longitud de 178 varas por 50 de latitud, con sus dos pisas para el barro de purgar, al extremo de la segunda. Ambas casas encierran 19.000 furos,[7] deducidos el camino de hierro para su servicio interior y los demás transversales que existen para facilitar las operaciones. Mirando al Sur y en el centro de la primera casa, se halla el envasadero y 48 gavetas para secar el azúcar, y sobre el primero la vivienda del mayordomo, el despacho, la despensa, etc. La segunda casa de purga está separada de la primera por un espacio de 18 varas, y unida a ésta por un camino de hierro. Está igualmente cobijada de teja de canal, tiene 40 gavetas para secar el fruto, y detrás y a lo largo de dichas gavetas un cómodo envasadero y almacén. Los costados de dichos edificios son todos de mampostería, y por su construcción hacen juego con el estilo de la casa de calderas. El camino de hierro atraviesa ambos edificios y la parte donde se pisa el barro, prolongándose unas 100 varas

7 Furo: Orificio que tienen las hormas cónicas y de barro cocido en su parte inferior, para la salida del agua y la melaza al purgar y lavarse los panes de azúcar. «Serán portuguesismos -o quizá leonesismos- el culto furo, hoyo, agujero, especialmente el que remata la horma de azúcar. Esteban Pichardo.» (Joan Corominas, *Diccionario crítico etimológico.*) Las citadas hormas son las formas o moldes donde se cuajaban los pilones o panes de azúcar. (N. del E.)

más allá, a fin de colocar el barro que ha servido para purgar el azúcar desde luego y sin aumento de mano de obra, en el lugar que debe ocupar, donde se procede después de la zafra a su mejor y más esmerada limpieza.

Paralelamente a las dos casas de purga y formando calle de 24 varas de ancho, se halla situado el magnífico barracón de dos aguas, uno de los mayores de la Isla, para alojar su dotación de negros y chinos. Forma un cuadrilongo de 170 varas de largo sobre 100 de ancho, circuido de una profunda zanja que desagua en una de las cañadas de la finca, para que su piso esté constantemente seco, como garantía de salubridad para sus habitantes. El frente del barracón que mira al poniente, quedando por consiguiente en línea paralela con la casa de calderas y sobre la prolongación de la arquería de la culata de la primera casa de purga, tiene un piso alto que descansa sobre una columnata de mampostería. En él se halla el hospital para los enfermos, sirviendo el centro de la parte baja para vivienda de chinos, y las alas para alojamiento del mayoral, maestro de azúcar y otros operarios. En el centro del patio del barracón se halla una vasta cocina de arquería de 23 varas en cuadro, con un alto, en el que pueden alojarse hasta 100 chinos.

En la parte interior del barracón, existe un gran almacén de depósito de herramientas, etc., en la del Norte se ve contigua al corral de los bueyes, una linda arboleda de majaguas y árboles del país, que con el alto campanario y los árboles sembrados a su frente, dan a todo este edificio un aspecto en alto grado risueño.

Un tanque inmediato a la citada fábrica y a la vista del mayoral, está destinado a dar agua a la boyada dos o tres veces al día, en lo cual se tiene especial cuidado.

Detrás del barracón, en la parte del poniente, se hallan los chiqueros perfectamente alineados y formando calles, para poderlos visitar y conservar en ellos la mayor limpieza. La parte del batey que está al poniente de la casa de calderas y donde existen cuatro bagaceras para acopiar el combustible, queda por esta disposición a sotavento de las fábricas garantiendo de este modo su seguridad y alejando todo peligro en el caso desgraciado de un incendio; y por igual motivo hanse sembrado unas 2.400 cepas de plátano, cuya utilidad en semejantes casos es muy conocida. Por el frente de las gaveterías de las casas de purga, corre un camino de hierro que conduce los azúcares que se han de secar cuando el tiempo está cubierto, a la estufa que está en línea con la casa de purga y el frente del barracón. Dicha estufa denominada al aire libre, es capaz de secar cada veinticuatro horas hasta 70 cajas de azúcar; tiene en ella su envasadero y almacén suficiente para depositar en el curso del trabajo 300 cajas de azúcar. En la parte del Sur se halla el muelle para cargar las carretas y expedir el fruto.

El mismo camino de hierro arriba mencionado se extiende hasta el alambique y sirve también para transportar las mieles y cachazas a dicho establecimiento. Este hermoso edificio es todo de mampostería, con el frente al Norte, formando un frontispicio de buen gusto; tiene 90 varas de largo sobre 30 de ancho, y es notable por la armonía que guardan en su instalación todas las piezas de que se compone.

La mitad de su espacioso salón está ocupado por cuarenta curvatos[8] de 3.000 galones de capacidad cada uno. En la otra mitad se halla colocada la máquina que mueve nueve bombas para el servicio del establecimiento, incluyendo la que extrae el agua de la represa. Existe en él un aparato continuo para destilar las fermentaciones, que, cuando son buenas, permiten que produzca hasta diez pipas en dieciocho horas de trabajo efectivo, quedando en dicho salón el

8 Son barricas de enormes dimensiones. (N. del E.)

suficiente espacio para colocar otro aparato. En la parte Sur de dicho salón hay un aparato rectificador de doble fondo, susceptible de rectificar cada veinticuatro horas hasta dos pipas de alcohol, con su almacén al lado para depositar los productos finos que se hicieren. En la misma línea de dicho depósito formando colgadizo está la generadora que suministra el vapor necesario para hacer funcionar la máquina y los aparatos. En una de las culatas de dicho edificio al Norte están colocados cuatro grandes tanques refrigerantes de hierro, con dos grandes curvatos para preparar las baticiones.

Paralelamente a este costado y cubierto de teja de metal, se halla la fábrica que encierra cinco tanques capaces de contener 1.300 bocoyes de miel. En el centro del edificio y formando alto, adonde se sube por una graciosa escalera de caracol, existen un salón-escritorio y cuatro cuartos de vivienda, que dominan por su altura la mayor parte del batey. Al Sur y en la misma línea de la culata que mira al poniente está el depósito de ron, capaz de recibir en los doce curvatos que contiene 300 pipas de aguardiente. Saliendo del alambique, se entra en una magnífica huerta y jardín, que produce todas las hortalizas de que se proveen abundantemente los dueños y todos los operarios de la finca.

A la derecha de dicha huerta está situada la carpintería de 40 varas de largo con su barbacoa para depositar hasta 1.000 fanegas de maíz. La caballeriza al frente de la estufa, contiene cuarenta pesebres, y su gran patio resguardado por una gran zanja y pilares de hierro unidos entre sí por una cadena, sirve para amarrar las bestias. Se entra a ella por un puente levadizo sobre dos columnas que forma puerta, con el objeto, para la buena disciplina de la finca, de que de noche queden todos los animales debajo de llave.

La casa de vivienda del batey, en que habita el condueño que administra la finca, es de alto, cómoda y espaciosa, con un colgadizo alrededor, sirviendo toda la parte baja de almacenes para guardar enseres y efectos de la finca.

Al Sur de dicha casa está la cocina con sus altos para despensa y vivienda de criados, comunicándose por un puente para la facilidad del servicio; en la actualidad están formando los dueños un jardín a su alrededor para su recreo y adorno. Al lado de la casa de calderas hallamos el aparato de gas con su gasómetro, que suministra 200 luces repartidas en los diferentes edificios de la finca, siendo seguramente una de las mejores alumbradas de la Isla.

La casa de ingenio que forma cuerpo con la de calderas, encierra colocada con gusto y suma solidez una hermosa máquina de moler, de fuerza de 53 caballos ingleses nominales, que pueden dar 100 caballos efectivos, de la fábrica de MacOnie & Mirrlees, de Glasgow, cuyos agentes en esta ciudad son los señores Ross y Beanes; la máquina es de balancín, montada sobre seis columnas de hierro pulido. Pone en movimiento dos trapiches, cuyas masas de 6.5 pies ingleses de largo y 34 pulgadas de diámetro dan por minuto 1.75 de vuelta, llamando particularmente la atención su rueda catalina de 30 pies ingleses de diámetro, notable por su perfecta construcción y la suavidad de su movimiento. Desde su instalación hasta la fecha no ha tenido que hacerse a dicha máquina ninguna reparación, lo cual abona y recomienda altamente la fábrica citada de Glasgow.

Parece excusado decir que la expresada máquina se halla provista para su más fácil servicio de conductores de caña y de bagazo. Con facilidad pueden ponerse debajo del techo de la casa de ingenio 1.000 carretadas de caña.

Aquí nos parece justo hacer presente que don Pablo de Arrieta fue el primero que tuvo la idea después de numerosos experimentos, que le absorbieron mucho tiempo y dinero, de aplicar el movimiento lento para la mejor expresión de la caña, combinando la disposición de dichos trapiches de manera que se pudiese hacer un trabajo manufacturero en grande escala. El año de 1844 introdujo este señor la primera máquina construida bajo dichos principios, de la fábrica de West Point, máquina que desde luego dio por resultado un 72 % de guarapo, en lugar de 50 a 55 % que antes se obtenía, término medio; servicio importante hecho al país, y que ha dado por resultado un aumento notable en la producción, sin tener para ello que acudir a aumentar mucho los gastos ni los brazos que han de emplearse.

Pasando a la casa de calderas, recordaremos que don Pablo de Arrieta a la vez que don Justo Cantero, precedidos de don W. de Villaurrutia, fueron los primeros que, en la isla de Cuba, se ocuparon seriamente de sacudir las añejas rutinas, que hasta entonces presidían a la fabricación de nuestro más importante fruto, introduciendo para la zafra de 1843 los aparatos nuevos que hoy vemos funcionar en los más adelantados de nuestros ingenios, y que han seguido dedicando sus conocimientos y actividad en mejorar la fabricación de tan importante ramo. En la actualidad con más empeño y aleccionados por la experiencia y observaciones prácticas, se propone don Pablo, ayudado de sus hermanos condueños de este ingenio, introducir sin nuevos gastos importantes mejoras en la fabricación, para con aumento notable en la cantidad obtener la casi totalidad de blanco; pues en las modificaciones hechas, sin gasto alguno, han obtenido dichos señores en la presente zafra de 1856, 85 % de blanco y 15 % tipo número 15. El segundo producto fija particularmente la atención de los inteligentes por corresponder a lo que en el mercado de New York califican de moscabado florete.

Las variaciones que introducirán los señores de Arrieta en la próxima zafra de 1857, los pondrán en posición de sacar un cuarto producto. Por las observaciones hechas manufactureramente, se tiene la seguridad de que se obtendrá de una cantidad dada de guarapo un 20 % de aumento en el peso total de los diferentes productos. Consta la casa de calderas de catorce defecadoras[9] para defecar término medio 12 hectolitros de guarapo cada una; de dos piezas, con sus serpentines para melar y clarificar, con sus correspondientes depósitos al lado; de veintitrés filtros que cargan 2.500 libras de carbón cada uno; de tres tachos al vacío sobre una hermosa plataforma, dos de la fábrica de Derosne, que sirven para evaporar, y el del centro de 9 pies ingleses de diámetro capaz de hacer al día 1.000 panes de 8 en caja y 15 bocoyes de moscabado; tienen sus correspondientes condensadores en comunicación con las bombas de aire de las tres máquinas, la mayor de 16 caballos nominales de fuerza y las otras dos correspondientes a los dos aparatos pequeños, de 6 caballos de ocho centrífugas para purgar los segundos y terceros productos, cuya cristalización se efectúa en treinta tanques de hierro, y existen además tres tachos de vapor al aire libre para reconcentrar el guarapo y elevarlo a la densidad de meladura. Ocho generadoras colocadas en un edificio contiguo y perpendicular a la casa de calderas y que reunidas componen una fuerza efectiva de 400 caballos, en comunicación unas con otras, suministran todo el vapor necesario para hacer funcionar todas las máquinas y los aparatos. A la conclusión de la casa de calderas y en lugar muy espacioso, está colocado el lavadero de hélice de carbón, seis hornos para calcinarlo, con depósitos suficientemente capaces para almacenar 600.000 libras de carbón, que es la que los dueños estiman necesaria para llegar cómodamente a una producción de 18.000 cajas de azúcar de diferentes

9 Defecadora. Según Esteban Pichardo, *Diccionario provincial de voces cubanas*: «Es en Cuba... en los ingenios las pailas... en que se dan las primeras cochuras al guarapo». (N. del E.)

productos. En las partes laterales al depósito de carbón, se hallan de un lado el taller de calderería con un horno de fundir y del otro el del maquinista, con un torno movido por una maquinita para confeccionar y tornear todas las piezas pequeñas que pueda necesitar tan vasto establecimiento. En la parte exterior y al lado del último taller, se halla la herrería y tres grandes tinas con peines de dientes de hierro alternativos, para revivificar el carbón por medio del ácido, devolviéndole así todas las propiedades que por el continuo uso hubiese perdido.

Por último, los cuatro calentadores que se hallan colocados en la culata de la casa de purga, están en comunicación con el aparato de dar punto por medio de un camino de hierro, conduciéndose a ellos el azúcar bruto en dos grandes carros de hierro susceptibles de contener 200 hormas[10] de azúcar.

La dotación de la finca es de 409 negros y 170 chinos, y con 150 brazos más que se le aumentarán, sin más desembolsos, podrían los dueños llegar a una producción media en un quinquenio, de 18.000 cajas de azúcar, sin tener que acudir a los ruinosos gastos que ocasiona el empleo de brazos alquilados.

10 Según Pichardo: Vasija de barro de figura cónica, de menos de una vara de alto, y media al diámetro de su base, cuyo vértice es un agujero que le llaman furo: este se tapa para echar el líquido ya preparado en temple y grano de azúcar, y se destapa después para que destile o purgue la miel cuando aquel está coagulado o cristalizado. (N. del E.)

Ingenio Flor de Cuba. Casa de Calderas, propiedad de los señores Arrieta

Ingenio Flor de Cuba, propiedad de los señores Arrieta

Departamento Occidental. Jurisdicción de Cárdenas. Partido de Guamutas

Ingenio San Martín, propiedad de la señora doña Francisca Pedroso y Herrera

Esta hermosa finca está situada en un paño de tierra del hato de Guamutas y a una legua del paradero de Banagüises, atravesando sus terrenos el ferrocarril de Cárdenas en el cual tiene su chucho particular. Linda además con el ingenio Echavarría de la misma dueña y forman los dos una inmensa y productiva propiedad dividida en dos partes distintas, motivo que nos obligará a ocuparnos separadamente de ambos, limitándonos por ahora a hablar tan solo del primero.

En el año de 1851 comenzó a fomentarse bajo la dirección de don Antonio G. Solar, quien ha sabido sacar el partido posible de las 222 caballerías de terrenos negros y bermejos que abraza, casi todos ellos de calidad superior; de dichas caballerías se hallan hoy desmontadas más de 70, de las cuales 55 están sembradas de caña. Efectuó su primera zafra por vía de ensayo, en febrero de 1854 y según el aspecto que ofrece el campo, la presente debe producir de 14 a 15.000 cajas. Las fábricas levantadas en su espacioso batey que comprende una extensión de caballería y media, son todas grandes, hermosas, de mampostería y situadas formando un cuadrado; en esta finca no se encuentra ni un solo techo de guano.

La casa de ingenio y de calderas mide 402 pies de largo sobre 156 de ancho. Al Este tiene once ventanas de espejos de hierro; en el lado del Norte se hallan dos extensos salones; en el del Oeste, la herrería con un torno de hierro y las habitaciones de los empleados de la fábrica y al Sur, la gran máquina de moler que como todas las demás, ha sido construida en los talleres del señor J. F. Cail de París, y dirigida por el ingeniero Mr. Ducrey. El aparato, capaz de dar abasto a una zafra de 20.000 cajas, se compone de las piezas siguientes: una máquina de moler, colosal, de fuerza de 40 caballos franceses, vertical, de sector, montada sobre seis columnas de hierro bruñido y de transmisión indirecta; el cilindro es de 28 pulgadas y de 5.5 pies de golpe, las mazas de 8 pies de largo y 36 pulgadas de diámetro, y la voladora de 25 pies, midiendo el conductor de caña 80 pies y 43 el de bagazo: una máquina para alimentar las seis generadoras que son de dos fluces y de 50 caballos cada una: diez defecadoras de 16 hectolitros: dos calderas grandes de culebra:[11] veinte filtros de 6.000 libras de carbón cada uno: dos máquinas al vacío de 20 caballos con su bomba de guarapo y de meladura: doce condensadores de veintiún tubos, de 4 metros de largo y 170 milímetros de diámetro: seis aparatos tubulares de triple efecto con 174 tubos de 2 metros 25 milímetros de alto y dos milímetros de diámetro: ocho tanques de hierro grandes destinados a servir de depósitos para el guarapo y la meladura: dos recipientes de los escapes de las máquinas para el uso de los aparatos: dos resfriaderas de cobre grandes: sesenta tanques de hierro para enfriar los azúcares de las mieles: una máquina horizontal de 12 caballos para las catorce centrífugas: tres hornos de revivificar el carbón animal de sistema tubular: un lavadero de hélice: cuatro montejus:[12] un tanque de hierro de 6 metros cuadra-

11 Se refiere al serpentín de la caldera. (N. del E.)

12 Fue una invención francesa utilizada en la producción de azúcar para mover el líquido de azúcar parcialmente procesado por un tubo hasta la siguiente etapa de purificación. De ahí el nombre «montejus» o «levantar jugo». A diferencia del huevo ácido, se compone de un recipiente vertical cilíndrico de acero, con una tubería desde el fondo hacia arriba, y es presurizado por el vapor. (N. del E.)

dos que domina la instalación y que proporciona toda el agua necesaria para lavar las piezas de la fábrica: un tinglado con 2.500 furos y tres estanques de depósito para las mieles capaces de contener 300 bocoyes.

La casa de vivienda y la enfermería son provisionales y forman una manzana de 421 pies de frente y 150 de fondo. Esta última tiene un hermoso portal delante, así como la primera, e interiormente un patio con colgadizos a todos vientos, varios salones, cuartos espaciosos, botiquín muy bien surtido, en fin todo lo que puede necesitarse, siendo el edificio capaz de contener 200 enfermos desahogadamente. Las casas del administrador y de criollos forman otra manzana igual a la anterior, y como están ambas en la misma línea, se ha procurado darles la misma forma y regularidad.

El barracón, de los mejores que puede haber en su clase, es cuadrado midiendo por cada lado 360 pies; la entrada se halla al frente y consiste en una elegante portada con su reja de hierro: interiormente tiene 100 habitaciones con colgadizos a todos vientos y en el centro una espaciosa cocina.

La casa de sierra y carpintería es hermosa y de maderas escogidas; contiene una máquina de aserrar colocada de manera que puede poner en movimiento a la vez la sierra grande y otra pequeña de hacer camones, sacar el agua del pozo, moler el maíz para la dotación y hacer girar un torno y una piedra de amolar.

El tejar es notable por su tamaño y buena construcción y mide 360 pies de largo sobre 150 de ancho. En el centro de él se halla una pisa de hierro americana capaz de trabajar barro para 4.000 piezas diarias, con dos hornos grandes, uno de ladrillos y otro de tejas.

Hay además dos casas de bagazo de 180 pies de largo con colgadizos alrededor, y un hermoso corral de bueyes con un tanque de ladrillos de 210 pies de largo. El ingenio tiene dos extensas represas: una en el batey en forma de tanque hecha de mampostería, con piso de doble solera de ladrillos y de 12.500 pipas de capacidad. La otra, mayor aún, se encuentra a una milla del batey. En cuanto al gasómetro, puede proporcionar combustible para 100 luces, pero en la actualidad no hay más de 75 en el interior de la casa de ingenio y de calderas.

Al ocuparnos de esta hermosa finca, no debemos dejar de mencionar los dos ferrocarriles en ella establecidos: uno tiene una milla de longitud, entronca en el ramal de Banagüises, y continúa hasta el interior de la casa de calderas donde llegan los carros de la empresa con los artículos de refacción y donde cargan los frutos que directamente conducen al puerto de Cárdenas; el otro de más de 2 millas de largo, une los dos bateyes de los ingenios San Martín y Echavarría, saliendo de la casa de calderas del primero y terminando en la casa de purga del segundo que es donde se llevan por ahora a purgar los azúcares de San Martín.

Concluiremos la descripción de este magnífico ingenio presentando el cuadro de dotación, según el cual, existen en él 452 negros esclavos, 125 asiáticos, 270 yuntas y 60 carretas de tirar caña.

Casa de calderas del Ingenio San Martín, propiedad de la señora doña Francisca Pedroso y Herrera

Departamento Occidental. Jurisdicción de Cárdenas. Partido de Guamutas

Ingenio El Progreso, propiedad del señor marqués de Arcos

Este ingenio se halla ubicado en la hacienda del Jigüe, partido de Guamutas; dista una legua del paradero de Banagüises perteneciente al ferrocarril del Júcaro, y en él tiene su chucho particular que atraviesa sus propias tierras. El terreno está completamente llano en toda su extensión y de fondo, pues la capa vegetal no mide menos de tres cuartas de grueso sobre un lecho de barro amarillo, siendo en su mayor parte de tierra negra.

Por el Norte linda con el potrero Las Nuevas, del señor don José Pizarro; por el Oeste con el ingenio Santa Gertrudis del señor don Manuel Espelius y El Narciso del señor de Zulueta; por el Sur con el de la Concepción del señor conde de la Reunión y con el de San Nicolás del señor don Julián Zulueta; y por el Este con los terrenos de San José de los Ramos. Fue fomentado en 1845 por el señor don Ignacio Peñalver, marqués de Arcos, padre del actual, e hizo su primera zafra en 1847. Consta de 184 caballerías de tierra de las cuales unas 39 están sembradas de caña de Otahití, mientras que las demás son de monte, y comprende un buen potrero para los animales y un sitio de viandas que tiene la apariencia de un cafetal; es tan abundante y cuidado que puede citarse como el mejor del vecindario. El campo de caña está cortado por cuatro guardarrayas maestras diagonales, a las cuales van a parar las de cada cañaveral: del centro del batey arranca otra que termina en un nuevo batey distante cerca de una milla del primero, y del cual piensa servirse el dueño al fomentar otro ingenio ya que cuenta con el terreno necesario para ello.

El batey de este ingenio es bellísimo y puede medir como caballería y tercia de extensión; en una de sus extremidades tiene su buena represa cubierta por apiñadas cañas bravas que le dan sombra y que suministra el agua necesaria a toda la finca por medio de una bomba de fuerza movida por un caballo. La disposición de las fábricas de este ingenio es distinta de la que se nota en las demás fincas de su clase, especialmente en las casas de calderas y de purga las cuales están unidas formando una sola cuya figura es la de una T, es decir, que del centro de la de calderas arranca la de purga, disposición muy cómoda para el transporte del fruto, pues no hace necesario el salir fuera del edificio. Algunos alegarán quizá que ofrece inconvenientes, en el caso de un incendio, por ejemplo; pero el dueño tiene un gran tanque siempre lleno, y dos bombas de incendio listas y en excelente estado por lo que puede ocurrir.

La casa de calderas, que es la que representa la lámina, es una de las más hermosas de su clase; mide 116 varas de largo sobre 41 de ancho, hallándose provista de sus colgadizos y contra colgadizos. Del centro de la casa de ingenio se divisan en línea recta todos los trenes y al extremo de estos el aparato al vacío con sus condensadores. Semejante combinación, como ya lo hemos dicho, nos parece muy ventajosa por los buenos resultados que ha dado en los diferentes ingenios en que se ha puesto en planta, y aquí mismo tenemos la prueba de nuestro acierto en la calidad del fruto que es tal, que entre el blanco de primera y el quebrado florete, se consigue más de un 60 %. En la zafra de 1855 se hicieron 8.318 cajas, de las cuales 3.745 fueron de blanco, y además 600 bocoyes de moscabado y 1.000 pipas de aguardiente, pesando cada caja, término medio, 20 arrobas. Creemos que tal resultado es más que satisfactorio, por lo cual nos consta que muchos hacendados opinan del mismo modo relativamente a este sistema. Las máquinas de moler caña son dos: una horizontal de West Point, de 40 caballos americanos, con dos trapiches, cilindro de 16 pulgadas y 4.5 pies de golpe; y la otra más pequeña, inglesa, de 12 caballos; cuatro generadoras para el molino, otras dos más pequeñas para la bomba de aire, cinco trenes jamaiquinos enteros y un medio tren que evaporan, mientras el tacho al vacío con su bomba de aire, y sus dos hileras de condensadores de inyección aspira la meladura para darle punto. Dicho tacho es de Benson and Day, de Brooklyn. En la parte alta del tinglado hay seis defecadoras de cobre, destinadas a la concentración de las cachazas procedentes de los trenes trasladándose luego el líquido al alambique.

La casa de purga que forma cuerpo con la de calderas es también un hermoso edificio de 137 varas de largo y 54 de ancho, construida de manera que en el piso alto tiene todos los furos en número de 15.000 con sus ferrocarriles y otras divisiones para el servicio interior.

La enfermería de 112 varas de largo y 24 de ancho es un edificio de un solo cuerpo levantado expresamente para dedicarlo al objeto que tiene. En el interior presenta tres patios en que los chinos, negros y criollos se hallan con la debida separación. Su forma es de un cuadro cuadrilongo, y su distribución así como el aseo extremado que en ella reina y la asistencia que se tributa a los enfermos son dignos de recomendación. El piso destinado a las paridas es de madera con más de 2 varas de elevación sobre el suelo natural con la idea de evitar la humedad. De desear sería que se adoptase esta disposición en todos los establecimientos de igual clase.

El barracón de 182 varas y 60 de ancho se compone de tres cuerpos de casas paralelas, con su patio y su cocina interior, estando arriba la habitación del mayoral. El alambique situado detrás de la casa de calderas, produce cinco pipas diarias de Sol a Sol; ofrece mucho aseo y comodidad, y posee toda su cañería, depósitos particulares etc. El gasómetro es bastante capaz para cincuenta luces; finalmente la dotación consta de 550 negros y 40 chinos.

Este ingenio es sin duda uno de los mejores de Banagüises; está muy cuidado y merece llamar la atención de toda persona dotada de gusto.

Ingenio El Progreso, propiedad de señor marqués de Arcos

Departamento Occidental. Jurisdicción de Cárdenas. Partido de Banagüises

Ingenio Álava, propiedad del señor don Julián Zulueta

Ninguna persona que se ocupe de los intereses agrícolas de la Isla, puede ignorar el extraordinario desarrollo que ha experimentado la llanura de Banagüises, ni dejar de estar al cabo del número de hermosos ingenios que como por encanto se han formado en sus fértiles terrenos. En medio de aquel inmenso foco de producción se alza majestuosamente el ingenio Álava, que debe ser considerado como uno de los más importantes de todos los de aquella jurisdicción. En otro artículo nos reservamos el hacer una descripción de aquella hermosa llanura, limitándonos por ahora a presentar solamente algunos pormenores relativos al ingenio que nos ocupa.

El terreno del *Álava* es enteramente llano en toda su extensión y de primera calidad en su mayor parte, abundando más que ningunas otras las tierras negras. Una de las principales ventajas de que goza el expresado ingenio es el ferrocarril construido en toda su longitud, y que se prolonga hasta el paradero de Banagüises, situado como a una milla de distancia al Noreste de la casa de ingenio y en sus mismos terrenos, por lo cual el fruto es enviado directamente desde allí a Cárdenas. Fomentólo en 1845 su actual propietario el señor don Julián Zulueta, en el mismo punto en que se hallaba el antiguo y demolido ingenio San Francisco; comprende en el día 148 caballerías de tierra, y el terreno sembrado, sin incluir el batey y las calzadas, no baja de 65; tiene además un extenso potrero adyacente que podrá ser en lo venidero sumamente útil para nuevas plantaciones. La caña es llevada en grandes carros tirados por bueyes y de capacidad de tres carretas poco más o menos, lo que demuestra cuan útil sería el que en los demás ingenios se construyesen también caminos de hierro, siempre que su establecimiento no ocasionare grandes costos.

El ingenio Álava se halla rodeado de otras fincas de mucha importancia, siendo las más inmediatas, el ingenio La Ponina de los señores Diago, La Conchita del señor don Tomás de Juara y Soler, El Progreso del señor marqués de Arcos, Santa Gertrudis la Magna del señor don J. de Espelius, y El Narciso y San Nicolás del señor conde de Peñalver. La primera zafra la efectuó en 1847, produciendo algo más de 5.000 cajas que fueron constantemente en aumento hasta 1853 en que llegaron a 14.000. Su dueño muy inclinado a los adelantos fabriles, fue el primero que a costa de grandes sacrificios estableció por vía de ensayo el aparato de triple efecto con tubos verticales, sistema de Derosne, hasta que convencido de la grande economía de combustible a que daba lugar, dispuso que se convirtiesen en aparatos tubulares los antiguos serpentines de Derosne, produciendo esta determinación una zafra de 20.400 cajas de 21 arrobas, resultado que puede hacerse mayor aún mediante algunos ligeros sacrificios más.

El batey ocupa un cuadrado de caballería y media de extensión y está compuesto de varios edificios de grandes dimensiones, llamando entre ellos la atención la hermosa casa de ingenio. Desde el tablado de defecación, rodeado de una elegante reja de hierro fundido, abraza la vista el conjunto de este hermoso establecimiento que nada deja que desear así en cuanto al producto, como al lujo con que está montado.

El tren entero consta de ocho calderas de vapor, de fuerza de 45 caballos cada una; de una magnífica máquina de moler de los señores Ross y Beanes de Glasgow, con dos trapiches de 6 pies de largo y 30 pulgadas de diámetro, provistos de sus dos conductores de bagazo, teniendo el pistón 24 pulgadas con 5 pies de golpe; doce defecadoras de 15 hectolitros; veintitrés filtros de 3.000 libras de carbón animal cada uno; catorce condensadores de 4 metros y 140 milímetros de grueso con veintiún tubos en cada hilera, lo que hace una superficie evaporadora de 5.000 pies; cuatro bombas de aire, una de las cuales es horizontal. El primer aparato de los de abajo se ha conservado de culebra; los tres que siguen son de 184 tubos verticales, de 7 pies y 2 pulgadas de diámetro, y 5 pies 9 pulgadas de parte cilíndrica cada uno. Los tres tachos tubulares de triple efecto que están más elevados, tienen 100 tubos y miden 6 pies 4 pulgadas sobre 5 pies 9 pulgadas. Hay además diez centrífugas con su máquina vertical de 15 caballos; una máquina para el carbón animal; ocho hornos con cubos para revivificar el carbón del cual como 400.000 libras están destinadas al uso de la filtración.

El camino de hierro conduce la caña hasta el mismo pie de la máquina de moler, de manera que en la zafra del presente año, en 190 días de molienda solo hubo una parada de cinco. La casa de ingenio tiene 120 varas de largo y 42 de ancho, y las dos casas de purga encierran juntas 16.600 furos, siendo la extensión de una de ellas de 142 varas de largo y 40 de ancho, y la de la otra de 100 varas y 40 de ancho igualmente, con 100 gavetas de secar, sin que esto impida que haya un secadero de 120 varas.

El barracón, de construcción algo ligera tiene la forma de un cuadrilongo y las dimensiones de 120 varas de largo y 100 de ancho. La enfermería de mampostería toda, concluida a fines de 1853, es buena y capaz de contener con desahogo hasta 200 enfermos; al lado de ella se hallan el aserrador y carpintería con su maquinita de 6 caballos, y dos casas de vivienda de no muy grandes dimensiones. Como a unos 50 cordeles de las fábricas tiene el ingenio su represa, de mampostería muy bien trabajada, y una de las mejores de la isla en cuanto tamaño, la cual por medio de una máquina de vapor surte de agua toda la finca; finalmente todo el ingenio se halla alumbrado con gas.

Casa de calderas del Ingenio Álava, propiedad del señor don Julián Zulueta

Departamento Occidental. Jurisdicción de Cienfuegos. Partido de Santa Isabel de las Lajas

Ingenio Santa Susana, propiedad del excelentísimo señor don Antonio Parejo

La cantidad de azúcar exportado por el puerto de Cienfuegos prueba más que nada el impulso agrícola que aquella jurisdicción ha recibido de algunos años a esta parte, merced al establecimiento del ferrocarril que pasa inmediato a un gran número de ingenios, y que ha hecho nacer el pensamiento de fomentarlos en puntos donde, de otro modo, nadie hubiese imaginado acometer semejante empresa. En prueba de lo que decimos, vamos a ocuparnos de uno de los colosos de nuestra agricultura, cuyo propietario no ha vacilado en correr el riesgo que presentaba su instalación, no obstante su distancia del punto de embarque.

El ingenio Santa Susana está situado 30 millas al Norte del puerto de Cienfuegos y corresponde al partido de Santa Isabel de las Lajas, perteneciendo sus terrenos a la hacienda de San Marcos la mayor parte de la cual es propiedad del mismo dueño. Consta de 340 caballerías de tierra montuosa y enteramente llana, y al Oeste de él se halla otro pequeño llamado La Trinidad, de 100 caballerías de tierra de primera clase y en las que abundan la majagua, el cedro, la caoba y el sabicú.

Su dueño comenzó a fomentarlo en julio de 1852 con veinte negros solamente para tumbar madera; fue sucesivamente aumentando este número y transcurridos diecinueve meses, principió el ensayo que dio, en dieciséis días de molienda, 600 bocoyes de azúcar. Desgraciadamente el mal tiempo y la circunstancia de haber entrado el mes de junio impidió que la molienda continuase. La producción del año actual de 1855 ha ascendido a 5.000 bocoyes de 60 arrobas cada uno lo que equivale a 300.000 arrobas, habiendo sido purgado todo el azúcar por medio de las centrífugas. En el día hay 45 caballerías sembradas todas de caña de Otahití, y existen preparadas para serlo 5 más, lo que constituye un cuadro perfecto de 50 caballerías, midiendo exactamente la cuarta parte de una cada cañaveral. Los terrenos son de los mejores que se conocen en la Isla, según lo demuestran los árboles que en ellos crecen, y constan, adoptando un término medio, de una capa de tierra vegetal de tres cuartas de grueso sobre un fondo de barro amarillo. Del batey salen cuatro guardarrayas diagonales de 24 varas de ancho que cortan la siembra en toda su longitud, formando las demás, de 12 varas de ancho, un rectángulo perfectamente regular.

A este ingenio se le dieron en un principio proporciones colosales; en su batey que comprende una área de una y tres cuartas de caballería se construyeron: la casa de calderas que mide 159 varas de largo; el almacén que se continúa con ella, de 150 varas de longitud y 28 de ancho, destinado a convertirse más adelante en casa de purga; dos barracones de 50 varas de frente y 100 de fondo cada uno; la enfermería que es muy aseada y de piso elevado de madera entre el cual y el de la casa circula constantemente una corriente de aire que lo preserva de la humedad, y una casa de criollos que falta aún terminar. No hablamos de la casa de vivienda por ser puramente provisional, esperando su dueño la conclusión del camino de hierro por donde se han de conducir las piedras que se necesitan para la construcción de sus edificios cuyas proporciones han de estar precisamente en armonía con las de la finca. La represa de este ingenio tiene como 2 millas de largo formando sus aguas la cabeza del río Damují; más adelante se construirá un ferrocarril en cruz destinado a poner en comunicación el de Sagua y Cienfuegos con el de la finca y con el del ingenio Trinidad.

Lo que por ahora llama más la atención es la magnífica instalación de la casa de calderas cuyos aparatos y máquinas proceden de la fábrica de Cail de París. Dichos aparatos son tubulares verticales de triplicado efecto, invención debida al señor Derosne, quien obtuvo en el año 1835 un privilegio exclusivo por ellos, y una de las principales ventajas de ese sistema destinado a generalizarse cada día más, consiste en permitir utilizar el vapor perdido de todas las máquinas y de las defecaciones. La gran cantidad de tubos empleados en cada aparato expone una extensa superficie al calor de donde dimana la posibilidad de emplear con ventaja este vapor sin producir más que una presión de 3 o 4 libras sobre los pistones de las máquinas; por otra parte, la posición vertical de los expresados tubos presenta respecto de los horizontales la ventaja de hallarse libres siempre de la condensación que se verifica en los últimos, y que ocupando una parte de su interior necesariamente disminuye la superficie expuesta al calor. La casa de calderas posee además un martillo destinado a recibir las generadoras, y del otro lado un edificio para revivificar el carbón animal, y que contiene a la vez el aserradero de vapor, carpintería, fragua, calderería, torno, y en el piso alto habitaciones para los empleados. El tren entero consta de siete generadoras de 50 caballos cada una con dos fluces, alimentadas por una máquina especial; de dos molinos provistos de su respectiva máquina vertical de balancín montada sobre pilares, de fuerza de 25 caballos; son de movimiento de transmisión indirecto respecto de las mazas del molino, y de sector. Las mazas tienen 7 pies de largo y 3 pies y 4 pulgadas de diámetro; el pistón mide 23 pulgadas en el interior y recorre una longitud de 5 pies; por lo que hace al conductor de la caña no baja su longitud de

40 varas así como tampoco de 14 el del bagazo. Los molinos se hallan al nivel del suelo, y el guarapo sube con el auxilio de un montejus para pasar a las defecadoras, suministrando un solo molino 110 defecaciones en veinticuatro horas. Las defecadoras son en número de dieciocho, de capacidad de 16 hectolitros, y además de ellas hay dos clarificadoras de culebra para espumar el guarapo, ambas de 8 pies y 3 pulgadas de diámetro sobre 3 pies y medio de alto; treinta filtros capaces de contener 4.000 libras de carbón animal provistos de su correspondiente sifón de dos llaves; dos bombas horizontales de aire de 22 caballos, colocadas en el centro de la fábrica y provistas de una de agua y dos de guarapo, dispuestas de manera que la de agua sirve para sacar el líquido de la represa que se dirige desde luego a un gran recipiente colocado en el último cuerpo del edificio; cuatro condensadores dobles, con filas de veintiún tubos de 4 varas y 31 pulgadas de largo y 160 milímetros de grueso. Trabájase el azúcar en baja temperatura por medio de seis aparatos cada uno de los cuales consta de 148 tubos de una vara y 26 pulgadas de alto, y 4 pulgadas y cuarto de diámetro con cuatro columnas de inyección. La cantidad de agua consumida en cada veinticuatro horas de trabajo pasa de 200.000 galones. Bajo el piso en que descansan los aparatos hay cinco tanques destinados a recibir el guarapo y la meladura saliendo de los filtros dos grandes resfriaderos de cobre para recibir las templas; veinticuatro centrífugas con una máquina horizontal de 26 caballos que comunica el movimiento a una sola transmisión para todas ellas; finalmente existen en la fábrica diez tanques destinados a servir de depósito para las mieles, de 9 varas de largo, 7 de ancho y 2 y 27 pulgadas de alto. La instalación entera es debida al inteligente ingeniero don D. Ducrey.

En el presente año de 1855 se ha trabajado con cincuenta y cuatro gavetas de hierro de 10 pies de largo y 6 de ancho, habiéndose encargado cuarenta más. La torre es bellísima: redonda y midiendo 62 varas de alto, descansa en una base cuadrada de 7. Los dos caminos de hierro, construidos en el interior de la casa de calderas, están destinados uno al servicio de las centrífugas y otro a conducir los bocoyes al almacén. En la última zafra hubo ochenta y tres días de molienda y el término medio de la cantidad de azúcar elaborada cada veinticuatro horas no ha bajado de 60 bocoyes. El propietario de esta magnífica finca ha mandado hacer para 1857 un gran aparato, de 400 panes de capacidad, reservando los dos juegos actuales para la simple evaporación, con los cuales podrán hacerse 200 defecaciones diarias.

Concluiremos diciendo que los negros están muy bien tratados, siendo de primera calidad la abundante ración de tasajo que se les da diariamente, y ascendiendo al número de ellas en cada veinticuatro horas a 980. Son por consiguiente distribuidas en una dotación de 486 varones, 146 hembras, 34 yucatecos y 200 chinos tomados después de la zafra, mientras que la dotación del ingenio Trinidad no pasa de 103. Los negros son de diferentes edades, pero la mayor parte de ellos jóvenes.

Casa de calderas del Ingenio Santa Susana, propiedad del excelentísimo señor don Antonio Parejo

Departamento Occidental. Jurisdicción del Mariel. Partido de Quiebra Hacha

Ingenio Asunción, propiedad del señor don Lorenzo Pedro

Aun cuando el uso del sistema de Rillieux no se haya generalizado en la Isla, fieles a la promesa que hemos hecho de hablar de todos los que hoy se hallan en actividad, hemos creído deber representar un ingenio dotado de este aparato, recayendo naturalmente nuestra elección en el del señor don Lorenzo Pedro, que ha dado en el presente año resultados demasiado ventajosos para que no se haga de ellos particular mención. Dos aparatos del mismo género se han establecido en la Vuelta Abajo, uno de ellos en el ingenio La Minerva, perteneciente al señor don Francisco Aguirre, y el otro en el llamado Santa Teresa, de la propiedad del señor don Miguel Matienzo, habiendo sido construido el último por la casa Derosne y Cail. Citaremos también, en la Vuelta Arriba, el de la señora Viuda de Scull, y el de La Julia, del señor don Miguel Moliner, sin contar algunos otros tachos parcialmente colocados, como sucede en el ingenio del señor don Juan Poey, cerca de Alacranes.

El sistema americano de M. Norbert Rillieux tiene por base principal el empleo del calor latente contenido en el vapor que produce el guarapo en la concentración y cocción en el vacío de la meladura procedente de dicho guarapo, utilizándose por este medio una considerable cantidad de calórico completamente perdido en los tachos de aire libre. La aplicación de su sistema a la elaboración del azúcar, es una invención por la cual obtuvo M. Rillieux, en los Estados Unidos, una patente en 1843 y otra de perfeccionamiento en 1845. El aparato Rillieux consta de tachos cilíndricos, de planchas de hierro, provistos de tubos horizontales de 10 pies de largo. Están sostenidos sobre columnas de hierro colado colocadas a cada extremo y por cuyo interior circula el vapor que pasa de uno a otro tacho mediante un sistema adecuado de válvulas y tubos. Efectúase en dicho aparato la mayor parte de la evaporación con el auxilio del escape de la máquina; el vapor producido por el guarapo del primer tacho en que se hace subir el guarapo a 15° de Beaumé, y que puede considerarse como el generador de las otras dos, va a alimentar el segundo y tercero, mientras que el vapor que origina la meladura va a perderse en el condensador de agua situado bajo el aparato; enseguida el guarapo pasa al segundo tacho donde es elevado hasta 28°, de allí se dirige a una bomba que lleva la meladura a dos calentadoras en que es espumado, y enseguida va por segunda vez a los filtros, y finalmente es llamado en el tercer tacho para darle punto. Se ve por esta sencilla relación que no se pierde ni un átomo de vapor, lo que permite obtener una economía de combustible tan considerable que hay positivamente un sobrante de bagazo que destinar a otros usos. La aplicación de la fornalla en el fogón es de llama invertida, y contribuye a dicha economía, y no debemos dejar de señalar la boca de fornalla, cuyo uso tan cómodo es para los fogoneros.

La distancia del Ingenio Asunción al puerto del Mariel no pasa de legua y media en línea recta y en dirección del Este tiene en las inmediaciones otros muchos ingenios cuyas relativas posiciones pensamos demarcar en una vista tomada desde la loma del Mariel; su terreno, como se advierte en la mayor parte de los ingenios de la Vuelta Abajo, es desigual, quebrado y por consiguiente difícil de trabajar.

Parte de los edificios son nuevos o han sido reedificados, a excepción de la casa de calderas, que ha permanecido en su antiguo estado. Una de las ventajas positivas de La Asunción consiste en tener el embarcadero en su mismo terreno y como a media legua del batey, de manera que los azúcares, después de embarcados en el pequeño puerto de La Dominica son conducidos a La Habana en una goleta perteneciente al dueño, lo que no deja de producir a este considerable ahorro. El expresado ingenio tiene grande extensión, pues comprende cerca de una legua a orillas del mar, sobre tres cuartas de ancho. La mayor parte de la siembra es de caña cristalina, y el resto, que vendrá a constituir una cuarta parte, es de caña de cinta, todo lo cual abraza próximamente unas 52 caballerías. La calidad de la tierra es muy varia pudiendo decirse que participa de la de todas. Anexo al ingenio hay un potrero de 18 caballerías, y el alimento de los negros consiste en tasajo, viandas, plátanos y harina de maíz.

Linda por el Norte con el mar, por el Sur con el ingenio Jesús María, de la propiedad de los señores don Cándido Rubio y don Antonio Valle Hernández; por el Este con el ingenio La Merced, de la señora Viuda de don Ramón de Laza y por el Oeste con el ingenio San Miguel, del señor don José Manuel Varela. El potrero linda por la parte del Este con el ingenio Dos Hermanos, del señor conde de la Reunión.

Se fomentó la finca en el año de 1802 por el señor don José María Escobar, de quien pasó a manos del señor don Juan Samá en 1837 viniendo a ser en 1841, propiedad del señor don Lorenzo Pedro. Si se considera el número de zafras que ha dado, desde la época de su creación, las cuales ascienden a 52, podría causar extrañeza el estado de prosperidad en que se halla, debido al esmero particular con que se ha cultivado. Bajo el punto de vista de la producción, el ingenio Asunción puede figurar en primera línea entre los de la Vuelta Abajo; su zafra va cada día en aumento, y la del año actual de 1855 ha sido la más grande desde su creación, visto que en 14 de marzo se habían ya hecho 43.000 panes de siete en caja. La zafra total se espera que llegue a 6.500 cajas de primera extracción y 1.500 de miel.

La casa de calderas trabaja con el tren de Rillieux n.º 6, el cual hizo su primera templa el 10 de enero de 1853. Consta de seis generadoras que funcionan alternativamente y que representan juntos la fuerza de 240 caballos de vapor; de una máquina de moler horizontal de fuerza de 35 caballos americanos, fabricada en la fundición de West Point y colocada en 1846; un tanque frío para recibir el guarapo; seis defecadoras de capacidad de 370 galones cada una; cuatro pailas de culebra para descachazar la meladura, bien sea de guarapo o de miel; catorce filtros de 4.500 libras de carbón animal cada uno; tres tachos de hierro colado de diferente capacidad, los dos primeros para evaporar y elevar la meladura a 28° con 114 tubos horizontales cada uno de 2 pulgadas, y el tercero, mayor que los otros, para dar punto, con ochenta tubos. Cada templa dura unas cuatro horas y da, según esté cargada, como cien panes de primera extracción, o mejor dicho, de 280 a 290 arrobas de azúcar seca y purgada. Debajo del aparato están colocadas todas las bombas: a su lado están los tanques y tres hornos de revivificar de Merrick and Son así como un lavadero de hélice del mismo. Otra maquinita horizontal pone en movimiento el ventilador de la torre de refrescar que tiene 51 pies de alto, y 44 de ancho en su base. El agua condensada se dirige a la parte superior de la torre por medio de una bomba, se recibe en una canal, y allí se distribuye en un considerable número de tubos pequeños de cobre, agujereados de tal modo que dejen caer el agua a manera de una fina lluvia sobre el depósito inferior. En su descenso, el ventilador la enfría de tal suerte, que al llegar al depósito tiene una temperatura tres grados menos que la natural; así es que la misma agua sirve para la condensación, si se exceptúa una pequeña cantidad de ella que se añade mediante una bomba de caballo, colocada a unas 100 varas de la casa de calderas. En más de 1.000 pipas puede calcularse el volumen de agua que diariamente dirige la bomba a la parte superior de la torre.

La casa de purga mide 386 pies de largo sobre 90 de ancho y encierra 15.500 furos con cincuenta y dos gavetas de secar, siendo todas las hormas de hierro de 19 pulgadas. Su pequeño ferrocarril pone en comunicación la casa de purga con la de calderas. Hay además una enfermería, una casa de criollitos y una buena carpintería. La casa de vivienda es muy ventilada, de agradable aspecto y sumamente aseada. Al lado de la casa de purga se encuentra la estufa de secar de don José Gabanzón, que es, según noticias, el inventor de la primera sentada al aire libre, probada en 1850 allí mismo donde ha continuado hasta la fecha.

Casa de calderas del Ingenio Asunción, propiedad del señor don Lorenzo Pedro

Departamento Occidental. Jurisdicción de Colón. Partido de la Jiquima

Ingenio Victoria, propiedad del señor don Simón Pérez de Terán

Este ingenio se halla ubicado en la hacienda de la Soledad de Bemba, y como a una legua al Sur del paradero del mismo nombre, pasando el ferrocarril de la Macagua por sus linderos. Linda por el Norte con el ingenio del señor Rolando, y por el Oeste con los de los señores don Joaquín Carrero y Rueda; por el Sur con varios potreros y el ingenio La Isabel del señor don Cosme de la Torriente, La Lugarda del señor presbítero de Apezteguia y el ingenio del doctor Martínez, y por el Este con el cafetal del señor presbítero de Apezteguia y los ingenios Achuri, del señor don Salvador Martiartu, y Encanto del señor don Vidal Junco. El terreno mide 60 caballerías de tierra, casi toda colorada, de 10 varas de capa vegetal, con excepción de unas 6 o 7 caballerías situadas en terrenos bajos y de tierra mulata.

A 25 llega el número de caballerías sembradas de caña cristalina en su mayor parte, siendo blanca la demás. En cuanto a las fábricas ninguna diferencia presentan respecto a las de los otros ingenios. Empezando por la casa de calderas, diremos que encierra una clase de trenes tan ventajosos, que no podemos dejar de hacer de ellos particular mención, siendo de desear que se adopten en las demás fincas destinadas a la producción de azúcar, tanto por su poco costo, poco más o menos igual al de los trenes jamaiquinos, como por su gran velocidad. Haremos una sucinta descripción de dichos trenes, vulgarmente conocidos con el nombre de Ramos, a fin de que puedan nuestros lectores comprender sus ventajas.

Entre la obra muerta de los trenes en cuestión y entre las dos pailas de cada uno, se encuentra un juego de canales que forman los entredoses de las pailas tercera y cuarta; esta última y la quinta se unen a otra canal longitudinal, capaz de conducir a cualquiera de ellas, según quiera el operante, los claros procedentes de los tres tachos. Las dos últimas piezas destinadas a la defecación del guarapo, están encerradas en un cuadro formado por la disposición de los entredoses y en el cual hay otra canal longitudinal común a ambas, de 10 pulgadas de ancho, y colocado más abajo del de los claros; por él reciben las cachazas que les envía un rastrillo flotante puesto en movimiento por el negro en el momento en que va a romper el hervor. Este arreglo de la obra muerta del tren, produce un resultado muy ventajoso por la sustitución del rastrillo a la espumadera en el acto de la defecación, pues permite obtener un caldo más limpio de partes heterogéneas y por consiguiente una fabricación mejor. En segundo lugar, impide el enfriamiento de los claros, puesto que estos van siempre a reunirse con los que contiene la paila que está defecando, y en tercero, produce un ahorro de brazos, atendido que basta un solo negro para descachazar perfectamente las dos pailas defecadoras, cada una de las cuales es capaz de contener 700 galones de líquido.

Este sistema fue por primera vez puesto en práctica en la Isla de Cuba, en el ingenio del señor don Simón Pérez de Terán a la conclusión de la zafra de 1853, época desde la cual ha continuado funcionando con los mejores resultados, puesto que ahora los frutos de La Victoria son casi tan estimados como los de primera calidad de nuestros más acreditados ingenios. Los dos trenes dan generalmente, desde las cinco de la mañana hasta las diez de la noche, cerca de 880 arrobas o sea 400 panes de azúcar seco y purgado, lo que constituiría en el espacio de veinticuatro horas con el trabajo de costumbre 550 panes. Por lo que llevamos dicho, se ve que hay un notable aumento de producción comparativamente al que dan los trenes comúnmente empleados. Otro ingenio titulado La Merced, de la propiedad del señor don Juan de la Ferté, situado en El Coliseo, ha hecho en la última zafra de 1856 con un solo tren, desde el 18 de febrero hasta la conclusión, 712 bocoyes de 65 arrobas, es decir, que dicho tren único ha producido diariamente de 10 y medio a 11 bocoyes de moscabado, esperándose que en la zafra próxima no bajarán de 1.100 a 1.200 los bocoyes que por el mismo medio se consigan.

No podemos menos de llamar también la atención sobre la inmensa economía de combustible que ocasiona la colocación del generador después de los trenes, es decir que calentado por los gases perdidos de los mismos trenes, ningún combustible se necesita para producir el vapor necesario a la marcha del molino, lo que ocasiona un sobrante constante de combustible en las bagaceras. Este método se ha usado con el mejor resultado en todos los ingenios de Puerto Rico desde 1844, y al llegar M. Larcade de aquella isla, sacó una patente de introducción y de perfeccionamiento a favor suyo, pudiendo ser adoptado en todos los ingenios con generadores de todas clases, siempre cuando la distancia entre estos y el molino no pase de 140 pies.

La casa de purga toda de mampostería y en forma de cuadrilongo, comunica por un camino de hierro con la casa de calderas y tiene 12.000 furos; debajo de ella están colocados los almacenes, tanques, depósitos de mieles y todo lo necesario para hacer azúcar moscabado si se quiere, con su canal que conduce también de la casa de calderas a esta; la estufa es capaz de secar 30 cajas diarias, hay el número correspondiente de gavetas para secar el azúcar al Sol y un aparato del señor Gallegos para envasar.

El barracón es una de las mejores obras en su clase; de forma cuadrada, mide 100 varas a cada frente; todo él está construido de mampostería con sus enroscados, que no permiten se pueda incendiar de ninguna manera; tiene sus colgadizos en el interior y su cocina en el centro. Todos los negros de este ingenio son casados y cada matrimonio ocupa su respectiva división.

La enfermería descansa en columnas de piedra; su pavimento es de tablones, y además de estar perfectamente ventilada, ofrece dos departamentos espaciosos para hombres y mujeres, además de otro en que hemos visto 80 criollos de uno a diez años de edad. El dueño dedica una preferente atención a la propagación de sus esclavos y lo ha logrado de tal manera, que puede hacer la molienda sin emplear más tiempo que el que media entre las cinco de la mañana y las diez de la noche a cuya hora todos se recogen para descansar, inclusos los de la casa de calderas. Para probar la exactitud de nuestro acierto, diremos que hemos visto los libros de alta y baja, en los que aparece que lejos de sufrir la pérdida de un 5 a 5.5 %, que es la que se calcula generalmente en esta clase de fincas, ha tenido por el contrario un aumento de 4.5 a 5.5 %, lo que demuestra las ventajas que trae consigo el trato esmerado que a los negros se les da.

La casa de vivienda se halla situada a unas 1.000 varas del batey y es bajo todos conceptos una elegante habitación campestre, a la cual se llega por una espaciosa guardarraya que arranca del batey.

El producto de este ingenio asciende a unas 4.000 cajas de azúcar purgada, y su dotación consta de 240 negros de campo, sin contar los criollitos.

Casa de calderas del Ingenio Victoria, propiedad del señor don Simón Pérez de Terán

Departamento Occidental. Jurisdicción de Matanzas. Partido de Sabanilla del Encomendador

Ingenio Santa Rosa, propiedad del señor don Domingo de Aldama

El ingenio Santa Rosa, situado en la hacienda San Andrés, 7 leguas al Sur de Matanzas, dista tres cuartos de legua del paradero del camino de hierro, La Unión, y es el más importante de los situados en este partido.

Fue principiado por su dueño actual, el señor don Domingo de Aldama, en el año de 1816, en 36 y media caballerías de tierra, de las cuales como la mitad son mulatas y coloradas y el resto negras. Lo mismo que la mayor parte de los hacendados, su dueño reconoció la ventaja que presenta la caña cristalina, así es que se puede decir que las tres cuartas partes de los cañaverales son de esta clase de planta, y la cuarta parte blanca.

No presentará tal vez este ingenio, como los construidos expresamente para un número determinado de cajas, la regularidad de estos últimos; puesto que se fueron introduciendo diversas modificaciones a la par que el aumento de los productos iban demandando el acrecentamiento de las casas de calderas y de purga, después de su primitiva construcción; pero, con todo en su conjunto presenta una vista muy airosa y despejada. Una magnífica represa, toda de mampostería, que sirve al mismo tiempo de carretera, contiene las Aguas del Río de Auras, y está situada como 100 varas al Oeste de los edificios. Una arboleda de pinos conduce a la casa de vivienda.

Linda por el Norte con los ingenios Santo Domingo y San José del mismo señor don Domingo de Aldama ya citado, y por el Oeste con La Majagua, de don Gonzalo Alfonso.

Hizo el ingenio su primera zafra a principios de 1819, y produjo como 500 cajas de azúcar. Se aumentaron estas progresivamente hasta llegar a 3.000 cajas la del año 1828, y es de notar que fue este ingenio el primero que, en la Isla de Cuba, hizo tan grande número con trapiche de bueyes. El año de 1836 se le puso máquina de vapor, y el de 1849, un tren al vacío de baja temperatura, de la fábrica de los señores Pontifex and Wood de Londres, con el cual se hace un azúcar de tan superior calidad que el pan sale casi enteramente blanco, quedando la punta o cucurucho, solamente, de un amarillo muy claro que puede compararse con el quebrado de primera clase de los demás trenes, y cosa digna de notar en los trenes de baja temperatura, es la calidad o peso del azúcar, su hermosura y el tamaño tan sorprendente que adquiere cada uno de sus cristales.

Es principio admitido hoy por todos los químicos y hacendados, que la alta temperatura empleada en la elaboración del azúcar es muy opuesta a la calidad de los siropes, y que bajo la influencia de esta temperatura, la mayor parte del azúcar en disolución se vuelve incristalizable y se transforma en miel de purga.

El aparato de los señores Pontifex and Wood es el primero de esta clase que se puso en la Isla de Cuba, y es cosa que verdaderamente llama la atención de todas las personas de gusto, tanto por su tamaño, cuanto por el lujo de su instalación. Ambos tachos pueden hacer, bien manejados, de 750 a 800 panes por veinticuatro horas, lo que equivale poco más o menos a 50.000 libras de azúcar seca y purgada; pero la falta de brazos en la mayor parte de los ingenios no permite hacer un trabajo seguido, y obliga a lo mejor del tiempo a parar, con el fin de abastecer de caña el molino, que para hacer la mencionada cantidad debe dar sobre 55.000 galones de guarapo.

Este tren consta de seis calderas generadoras que dan una fuerza de vapor de 240 caballos ingleses, doce defecadoras de a 400 galones de capacidad, dieciséis filtros que pueden contener 10.000 libras de carbón animal cada uno; doce condensadores por evaporación, con 5.600 pies cuadrados de superficie; dos tachos de 7 y medio y 8 pies ingleses de diámetro que cocinan en un vacío de 25 y media pulgadas, con 10 libras de presión. La máquina de vapor para el servicio de las bombas de aire es de la fuerza de 12 caballos ingleses, y hay seis centrífugas inglesas, de Finzel, de 3 pies de diámetro.

La casa de calderas tiene 72 varas de largo por 45 de ancho, y contiene 1.200 furos. La de purga, 150 varas por 45 y consta de 17.000 furos; dos tanques para depósito de miel, con su bomba para mandarlo a la casa de calderas. Anexo a la casa referida hay otra con su horno para lavar y revivificar el carbón animal; todo el servicio interior se hace por medio de caminos de hierro.

La casa de ingenio que contiene dos máquinas de vapor de 12 y 25 caballos ingleses, mide 80 varas de longitud por 48, y tiene anexa una casa de herrería con su torno y dos fraguas.

El barracón, con su cocina en el interior, es de 100 varas a cada viento. La enfermería muy aseada y hermosa es el objeto de un especial cuidado. También contiene el ingenio una buena casa de carpintería sobre horcones y dos casas de bagazo, también sobre horcones, pero todas las demás fábricas son de mampostería y teja.

La casa de vivienda, de dos cuerpos, es bastante elegante y tiene un jardincito delante y otro mayor en la parte posterior. En el frente de la enfermería hay un salón con su colgadizo que es de arquería, para los criollitos.

Hay una casa con cuatro retortas para la fabricación del gas con que se alumbran todos los edificios del ingenio.

Se acaba de construir una cañería de hierro colado, de 6 pulgadas inglesas de diámetro que tiene 4.500 varas de largo, y sostenida en parte por pilares de ladrillo, para conducir el guarapo del ingenio de Santo Domingo al de Santa Rosa, a fin de cocinarlo en el aparato al vacío. Esta cañería ha costado aproximadamente 15.000 pesos; la ventaja que de ella se espera, es la diferencia que existe entre el azúcar fabricado en trenes al vacío comparado con el de los comunes.

El ingenio tiene 300 esclavos, treinta chinos y doce operarios blancos.

Casa de calderas del Ingenio Santa Rosa, propiedad del señor don Domingo de Aldama

Departamento Occidental. Jurisdicción de Matanzas. El valle de la Magdalena

El valle de Matanzas, notable en la historia de la Isla de Cuba por haber sido el lugar en que el noble Habaguane, cacique de la provincia de La Habana, entregó al adelantado Velázquez un español llamado García Mejía que tenía en su poder cuatro años hacía por haberle salvado de la horrible matanza hecha por los indios en la población y en la punta de Yucayo, hoy Matanzas, es tan digno de atención por su extremada fertilidad como por los pintorescos paisajes en que abunda. ¿Qué persona no ha oído hablar de las inmediaciones de la risueña hermana de La Habana, de las verdes colinas que la rodean y finalmente del hermoso valle del Yumurí tantas veces cantado por los poetas, y considerado con justa razón por los habitantes de Matanzas como uno de los principales atractivos que inducen al forastero a visitarlos? Efectivamente, aquella magnífica llanura limitada a lo lejos por pintorescas lomas presenta un aspecto tan encantador vista desde las alturas inmediatas, que difícilmente podría la imaginación concebir uno más bello, sobre todo cuando sale y se pone el Sol, o por la mañana al ostentarse cubierta de una ligera niebla que le da el aspecto de un inmenso lago circular sobre el cual asoman las copas de las palmas mecidas blandamente por el terral, o los techos de algunos ingenios que de distancia en distancia muestran sus elevadas torres coronadas de vapor y humo, mientras que a sus pies despliega su brillante verdor la ondeante caña, base principal de la riqueza de nuestra isla.

Pero otros objetos presenta todavía la caprichosa naturaleza a nuestra admiración; entre ellos llaman principalmente la atención del naturalista y del observador las maravillosas cuevas situadas al Norte en la cumbre, sobre todo la del

Agua, extenso subterráneo de durísima piedra y que las filtraciones han adornado con vistosas estalactitas y redondeadas estalagmitas; otras cuevas notables se hallan también al Sur en las serranías de Canímar, y al Oeste en la cordillera del Yumurí la del Managuaco. Sin embargo más curiosidad inspiran que ninguna otra las de Versaja o de las Canteras, situadas más a la derecha y más próximas a la ciudad y en cuyo interior se hallan reunidos los caprichos más fantásticos que la naturaleza puede producir.

Espectáculo más vasto e interesante, empero, ofrece a la vista del espectador el magnífico panorama que se despliega a sus pies contemplado desde lo alto de la loma del Paraíso. Imagine el lector un espacio de 5 leguas de extensión en un terreno ligeramente ondulado por verdes collados, y en el cual descuellan a manera de oasis en un desierto de verdor, los graciosos grupos de árboles que forman los aislados bosques coronados de esbeltas palmas, y los pintorescos edificios de un inmenso número de ingenios, limitando todo en el fondo la ciudad de Matanzas, la bahía con sus buques y finalmente el mar con su insondable inmensidad. Ante tan grandioso cuadro que da una perfecta idea de la rica vegetación de los trópicos, el hombre conoce su pequeñez y se admira de que durante su breve existencia puedan dominarle tan altas aspiraciones.

La llanura de Matanzas es demasiado variada para que pueda indicarse con exactitud la naturaleza de los terrenos que cubren su superficie; sin embargo, fácil es comprender que predomina la tierra mulata y que esta tiene mucho fondo, pues solo así hubiera podido resistir a las numerosas zafras que ha hecho cada uno de los ingenios allí establecidos. Sin duda dichos terrenos pertenecen a la serie de los primeros que fueron plantados de caña en las inmediaciones de La Habana, si se exceptúan algunos ingenios fomentados cerca de este último punto, que cuentan cerca de un siglo de existencia, como por ejemplo: el del señor conde de Cañongo. En un informe leído en el cabildo celebrado el 9 de abril de 1802 se decía que en un radio de 6 leguas a cada viento se contaban treinta y nueve ingenios moliendo y diez próximos a hacer la primera zafra. Hoy existe en la jurisdicción un número mucho más considerable de ellos bien que en su mayor parte sean de producción mediana, es decir, de 1.500 a 4.000 cajas, provistos únicamente de trenes jamaiquinos. Solo en los diez últimos años es cuando se comenzó a aplicar la maquinaria a la elaboración del azúcar, y el primer tren de esta especie establecido en la jurisdicción, y uno de los primeros en la Isla, fue el del Acana en 1823, cuya máquina solo tenía la fuerza de 6 caballos.

Ocupándonos ahora de los establecimientos consagrados a la industria azucarera, debemos citar en primera línea la hermosa refinería de los señores Belcher y hermano, creada en un principio con el objeto de concentrar las mieles y hacer melado. De un año a esta parte es cuando se ha hecho en ella azúcar. Las máquinas se componen de ocho defecadoras de hierro, veintidós filtros y dos calderas al vacío de grandes dimensiones. En cuanto a los ingenios importantes de la jurisdicción, su número es demasiado considerable para que podamos enumerarlos todos en el reducido espacio de un artículo. Por consiguiente limitarémonos a indicar algunos de los que se hallan en la extensión que abraza la parte del terreno reproducido en la lámina, comenzando por el Acana, propiedad del señor don J. E. Alfonso, bonita finca situada cerca del paradero de La Cidra, y cuyo administrador don Pedro Laroudé ha inventado un sistema de pailas de válvulas adoptado en muchas fincas inmediatas; mencionaremos enseguida El Triunvirato del señor don Julián Alfonso; La Concepción de la familia Alfonso también y que ha servido de punto de partida para los demás que ha fomentado; Erice; El Vellocino del señor don Francisco de Abreu, hermoso ingenio situado en excelentes terrenos, todos llanos. Al pie de la loma hay otros muchos como el Ojo de Agua del señor don Ignacio de Cárdenas; El Mogote del señor don Ramón Llano; San Ignacio y La Magdalena del señor conde de Campo Alegre. Este último fue fomentado en 1777 y sin embargo de haber hecho setenta y ocho zafras tiene los campos en muy buen estado; hay además La Perla, de la señora viuda de Caballeros; La Paloma del señor don R. Silveira; Apolo del señor de Morales; Jesús María del señor don Francisco de la O. García notable por su pintoresca situación; el ingenio de la señora de Bellechasse, cerca de la ciudad, y otros varios muy productivos.

Daremos fin a este breve reseña con el movimiento de exportación de Matanzas en los últimos años el cual hará concebir una exacta idea de la riqueza de aquella jurisdicción.

Movimiento de los productos azucareros exportados por el puerto de Matanzas

	1848.	1849.	1850.	1851.	1853.
Azúcar [cajas]	311.353	234.991	291.257	337.860	312.273
Miel de caña [bocoyes]	63.173	66.473	61.924	78.525	64.055
Aguardiente [pipas]	3.369	1.845	1.941	1.443	1.624

Valle de La Magdalena. Vista tomada desde la loma del Paraíso

Departamento Occidental. Jurisdicción de Matanzas. Partido de Alacranes

Ingenio Armonía, propiedad de los señores don Miguel de Aldama y don José Luis Alfonso

El ingenio Armonía, situado en la hacienda Bolondrón, 7 leguas al Sur de Matanzas, goza de la ventaja de tener el paradero del mismo nombre en sus propios terrenos. Comenzó a fomentarlo el señor don Miguel de Aldama a fines del año de 1848 y comprende una extensión de 74 caballerías, la mayor parte de tierra colorada, de las cuales solo hay sembradas 32 de caña cristalina y de Otahití en iguales proporciones.

Trazóse esta finca con arreglo al perfecto plano a que se prestaba lo llano del terreno, adoptándose en ella los aparatos y máquinas de los señores Pontifex and Wood de Londres para la elaboración del azúcar, siendo en ella y en el ingenio Santa Rosa donde por primera vez se han establecido en la Isla aparatos de baja presión. Su extensión, la magnitud de sus fábricas y el buen arreglo que en estas reina, harán de manera que la producción de la finca alcance pronto considerable altura, así como que esta sea duradera, pues no otra cosa debe esperarse de la facilidad que hay de aumentar sus terrenos y de procurarse la leña necesaria en sus propios montes o en las adquisiciones que pueden hacer sus dueños en la costa del Sur; con este ingenio solo linda uno pequeño perteneciente a los señores Carballo.

El batey forma un cuadro y ocupa una caballería, incluyendo el camino de 8 varas de ancho que lo rodea y a cuyos ángulos van a desembocar cuatro guardarrayas diagonales de 12 varas de ancho, las cuales por recibir a su vez todas las demás que subdividen el campo, proporcionan la ventaja de poder transportar al batey por el camino más corto, y con grande economía de carretas, todo cuanto a él deba ser dirigido. Los cañaverales son todos de igual tamaño y miden un tercio de caballería, lo cual permite calcular el producto de cada uno; otra circunstancia que no debe echarse en olvido, es que siendo todos ellos largos y estrechos, pues tienen 18 cordeles de longitud y 6 de anchura, presentan a la acción del aire y del Sol una gran superficie, lo que permite obtener cañas más maduras, dando lugar al mismo tiempo a que las carretas encuentren al momento un camino por donde dirigirse al batey, estropeando mucho menos caña en su tránsito que si las guardarrayas estuviesen trazadas de diverso modo.

El batey se halla dividido en tres partes iguales; la del Norte comprende la casa de purga con sus correspondientes almacenes, la estufa, la carpintería y una casa de bagazo; la del centro contiene la casa de vivienda, las de trapiche y calderas, y el aparato de gas; y la del Sur, la enfermería, los barracones y otra bagacera, estando todas estas fábricas de tal manera alineadas, que guardan una perfecta simetría sin ocupar ninguna de ellas el terreno perteneciente a la prolongación de las guardarrayas que en el batey desembocan.

La casa de ingenio forma un cuadrilongo de 50 varas de largo y 28 de ancho; contiene una máquina de vapor con su generadora, construida por Fawcett Preston and Comp. de fuerza de 30 caballos, con su conductor de caña de 23 varas de longitud. La máquina a la vez que muele, saca toda el agua necesaria para la alimentación del aparato y demás usos de la finca, distribuyéndose entre todas las fábricas del ingenio desde dos tanques que sirven de depósito y que tienen juntos la capacidad de unos 11.000 galones. En el indicado edificio caben muy bien de 600 a 700 carretadas de caña.

La casa de calderas, trazada en forma de cruz, mide en su parte más larga 75 varas sobre 72 de ancho, es toda de mampostería, con tres portales en los dos brazos laterales de la cruz. El aparato consta de seis generadoras de fuerza de 40 caballos cada una; diez defecadoras de 450 galones, doce filtros de a 8.000 libras de carbón, dos tachos al vacío montados en una plataforma de hierro fundido, ocho condensadores de doble efecto, y una máquina de vapor de fuerza de 12 caballos ingleses para el uso de las bombas de aire y de guarapo y con la cual trabajan también cuatro centrífugas. Este aparato es susceptible de hacer 600 panes diarios de 110 libras de peso bruto cada uno; tiene tres tinglados con 1.200 furos y de ellos parte un ferrocarril destinado a conducir el azúcar a la casa de purga. Todas estas máquinas se hallan simétricamente instaladas en el interior de dicho edificio, el cual a la par que ofrece por su extensión la mayor comodidad para los trabajadores, presenta un buen golpe de vista por haber sido expresamente construido para el aparato que contiene. La torre destinada al uso de las calderas, aparato y generadora de la máquina de moler, es cuadrada y se eleva en uno de los ángulos interiores de la cruz hasta la altura de 150 pies ingleses, midiendo 9 en su base; es en realidad una hermosa obra.

La casa de purga, de arquitectura tan sencilla como elegante, tiene 120 varas de largo y 42 de ancho; además de 12.500 furos, encierra en su fondo la pisa y el lugar destinado a servir de depósito para la miel. Penétrase en ella por una gran portada situada en el centro, hallándose a entrambos lados dos órdenes de secaderos con veintidós gavetas cada uno y dos almacenes de azotea en los ángulos del edificio.

En cuanto al barracón, mide 120 varas de frente y 80 de fondo: tiene en el frente y en sus ángulos las habitaciones destinadas a los empleados, mientras que las de los extranjeros ocupan los pisos altos de los dos portales guarnecidos de rejas de hierro, ascendiendo a ochenta el número de divisiones interiores, con la cocina en el centro, en la cual existe un aparato de vapor capaz de preparar alimento para 500 personas en el breve espacio de media hora. El patio del mencionado edificio está sembrado de almendros formando calles bajo los cuales la dotación encuentra una sombra tan útil como agradable.

Hay además una buena carpintería, con sierra de vapor, y una enfermería con sus portales de arquitrabe de 38 varas de frente y 60 de fondo que forma en su conjunto un verdadero hospital, pues consta de dos grandes salones de observación y de catorce piezas destinadas a diversas clases de enfermedades, además del botiquín, un cuarto para los asistentes y la cocina, dispuesto todo de manera que medie la debida separación entre los sexos.

La casa de vivienda, de 52 varas de frente y 60 de fondo, ofrece en la fachada trece arcos, e interiormente se halla distribuida de manera que pueda habitarla una familia numerosa; en el fondo tiene la cochera, además de una caballeriza para veintidós caballos y de un patio interior. Embellécenla por entrambos lados dos pequeños jardines, habiendo detrás de estos suficiente terreno para formar una extensa arboleda o un parque a la inglesa.

La dotación de la finca consiste en 330 negros y veinte chinos, que se alimentan con tres comidas diarias, una de las cuales hacen a las ocho de la mañana en el campo y en el espacio de media hora que para ello se les concede; en las dos otras se les da tasajo, viandas y harina de maíz.

Aun cuando algunas de las fábricas no están del todo concluidas, presentan en su conjunto la combinación más perfecta que puede hallarse en los Ingenios de la Isla, pues reúnen al lujo, belleza y simetría, la facilidad que ofrecen para todas las operaciones del cultivo de la caña y de la elaboración del azúcar. La circunstancia de haber sido fomentado desde un principio según los planos trazados expresamente y copiados en parte de lo mejor que ofrecen las fincas nuevas más notables, hace que puede citarse este ingenio como modelo.

Casa de calderas del Ingenio Armonía, propiedad de los señores don Miguel de Aldama y don José Luis Alfonso

Departamento Occidental. Jurisdicción de Cárdenas. Partido de Palmillas

Ingenio La Ponina, de la propiedad del señor don Fernando Diago

Este ingenio ubicado en las haciendas de Jigüe y Banagüises, dista una milla del paradero de este último nombre del ferrocarril del Júcaro y 10 leguas del pueblo de Cárdenas. Por el Norte linda con terrenos del señor don Julián Zulueta, por el Sur con los de los herederos del señor don Santiago Zuasnabar, por el Este con el ingenio Álava, y por el Oeste con La Conchita, del señor don Tomás Juara y Soler. Su área es de 75 caballerías de tierra, sembradas 50 de ellas de caña de Otahití, y todas en el mejor estado de cultivo, sin incluir un potrero y sitio de viandas que posee su dueño en terrenos de Laguna Grande, Juan Francisco y Nueva Bermeja, destinados a alimentar la dotación y suministrar el pasto necesario para todos los animales de la finca. Su terreno es llano en toda su extensión, de tierra negra, ocupando el batey como una caballería y cuarto. El campo de caña está cortado por cuatro guardarrayas diagonales que lo atraviesan en toda su extensión.

Comenzó a fomentar este ingenio su dueño actual el 23 de junio de 1843 y en terrenos completamente montuosos concluyendo su primera cosecha, que fue de 8.000 cajas, de ambos productos, en junio de 1846. Desde entonces ha ido en progresiva prosperidad hasta el grado de deber ser colocado en la categoría de los más importantes de la Isla por la cantidad de sus productos. En lo que respecta a la calidad, preciso es convenir en su superioridad, pues quizá no hay ninguno en la Isla que dé azúcar tan blanco y tan bien cristalizado. Mucho tiempo hace que La Ponina goza de esta reputación justificada además por el escrupuloso aseo que en la casa de calderas reina y en todas las demás partes, por el extremado esmero de que es objeto y por el modo de cultivar el campo de caña surcado por zanjas en todas direcciones. Débense estas importantes ventajas a la grande inteligencia y elevados conocimientos así teóricos como prácticos de su dueño que se ha constituido en administrador de su propiedad, llevando a cabo todas las medidas cuya conveniencia le ha indicado su gran experiencia, entre las cuales citaremos la que realizó por la tercera zafra y que consiste en la supresión de las veladas o cuartos nocturnos, que limitan el trabajo al espacio que media entre las cinco de la mañana y las diez y media de la noche, cuando más tarde, produciendo desde luego esta innovación los más favorables resultados, tanto por lo que respecta a la negrada como a los colonos asiáticos, de cuyo trabajo habla el dueño de esta finca en términos altamente satisfactorios.

El batey es muy llano y está bien trazado; todas sus fábricas ofrecen mucha regularidad y simetría en su colocación, mediando entre todas ellas la distancia conveniente para que puedan efectuarse los trabajos con la mayor facilidad. La casa de molienda de 62 varas de largo y 40 de ancho, consta de una máquina horizontal de alta presión fabricada en la fundición de West Point en Nueva York, y de fuerza de 60 caballos, provista de dos molinos de tres cilindros cada uno con sus conductores de bagazo, y de movimiento lento, atendido que las mazas no efectúan más de 2.25 revoluciones por minuto. La capacidad de dicho edificio es tal que puede contener bajo su techo mil carretadas de caña, y las maderas empleadas en su construcción son todas de cedro, inclusa la tablazón del techo.

La casa de calderas de 110 varas de largo y 75 de ancho, consta de cinco juegos de hervidoras con sus generadoras de la fábrica de J. F. Cail, de París, y dos pailas inglesas para vapor; las cinco primeras de fuerza de 50 caballos y las dos últimas de 60 cada una. Tiene además: diez defecadoras de cobre, de 15 hectolitros; veintidós filtros con sifón y sus llaves de dos aguas, que dan cabida a 2.500 libras de carbón animal, cada uno; dos aparatos de vacío de la fábrica de Derosne y Cail con sus correspondientes condensadores; un aparato de baja temperatura construido en Inglaterra, según el sistema de Derosne, con siete filas de condensadores representado a una superficie evaporadora de 3.500 pies, y de cuyos resultados está muy satisfecho el dueño, quien en cuatro zafras que lo ha empleado indistintamente, así para evaporar como para dar punto, no ha experimentado ningún género de tropiezo, siendo capaz de hacer hasta 125 cajas de azúcar de caña en cada veinticuatro horas; tres clarificadoras; ocho centrífugas de Cail; treinta tanques de hierro para cristalizar; seis hornos destinados a la revivificación del carbón animal, con su máquina de vapor para agua y transmisión de movimiento al molino de huesos, cernidor y bomba para el agua de condensación. En un contra colgadizo de dicho edificio está el taller de maquinaria, la fragua, el horno de fundir, surtido de todos los accesorios, así como torno, herramientas destinadas a los trabajos de la finca etc. y capaces de vaciar cilindros de 26 pulgadas de diámetro interior y fundir objetos cuyo peso no pase de 400 libras. En otro departamento se halla el taller de calderetería surtido igualmente de todo lo que exigen las atenciones de la finca.

La casa de purga es un edificio de 140 varas de largo y 60 de ancho, con 72 gavetas para secar azúcar, dos tanques pequeños destinados a servir de depósitos de miel y 12.500 furos. Toda ella está construida de cedro, y sobre las cargaderas de 3 varas de altura sobre el terreno natural, se eleva la horconadura de 18 pulgadas en cuadro, presentando de este modo todo el cuerpo del edificio un puntal de 11 varas sobre la cargadera, y proporcionando un almacén espacioso y cómodo para depositar envases, bocoyes etc. La casa de purga se comunica con la de calderas por medio de un ferrocarril cubierto, destinado a la conducción del azúcar. El tejar, casa de piso y la tonelería, fábrica contigua a la de purga y casi del mismo largo que ella, se halla situada detrás, facilitando por su proximidad la conducción de los distintos envases.

El barracón es un edificio de 100 varas en cuadro en que se alojan los esclavos de la dotación, con una fábrica en el centro que sirve de cocina a los mismos, y un pozo provisto de su bomba que les facilita el agua necesaria. Los asiáticos tienen para alojarse dos edificios separados, uno de ellos de igual extensión que las casas de bagazo, y el otro más pequeño que sirviendo de vivienda, contiene la cocina, la despensa y una pila de agua corriente.

La enfermería es una fábrica de embarrado real y teja de 65 varas de largo y 24 de ancho, dotada de un número de piezas suficientes para dar cabida a 250 enfermos, y con las separaciones que exige la diferencia de sexos. No necesitamos decir que contiene un botiquín, un practicante enfermero y todos los accesorios necesarios.

Hay dos casas de vivienda en el ingenio que nos ocupa: una que fue la primitiva morada del dueño y otra mayor, de ladrillo y teja, con piso alto de tabla, y embellecida con hermosos jardines y una frondosa huerta sembrada de 1.200 árboles frutales; tiene además una casa destinada a la servidumbre. Este edificio es uno de los más elegantes que pueden verse en su clase, y los adornos que aumentan su belleza son una prueba inequívoca del buen gusto de su dueño.

El aparato de gas en que se emplea el chapapote, tiene un gasómetro de 1.500 pies cúbicos de capacidad que suministra suficiente combustible para cien luces, que son las que se encienden en toda la finca.

Este ingenio ha llegado a producir 10.200 cajas de azúcar de caña, clavadas, 1.080 bocoyes de moscabado de miel, purgado en las centrífugas y otros 1.000 procedentes de aquellos.

Ingenio La Ponina, propiedad del señor don Fernando Diago

Departamento Occidental. Jurisdicción de Cárdenas. Partido de Palmillas

Ingenio Monserrate, propiedad del excelentísimo señor conde de Santovenia

Lindando con La Agüica, y como a un cuarto de legua de este ingenio, se halla el que nos ocupa inmediato también a otros muchos importantes, entre los cuales citaremos el del señor marqués de Almendares y Urumea perteneciente a los señores Zuasnabar. Fue fomentado por su actual dueño, e hizo su primera zafra en 1849. Su terreno es llano; sin embargo de comenzar en la parte del Oeste a levantarse algunas lomas. En la misma dirección, y al terminar el terreno, sembrado está el potrero situado en una eminencia. Sus fábricas en muy buen estado, sirven de casa de vivienda, la cual se halla sembrada por un considerable número de árboles frutales y de ornato. Dicho ingenio se halla regado por dos arroyos, que crecen mucho en la estación de las lluvias por cuyo motivo es preciso atravesar algunos puentes echados sobre los caminos que conducen al batey. Los terrenos son en general de muy buena calidad, exceptuando una pequeña parte de los que lindan con Agüica, que son inferiores. Las siembras comprenden unas 35 caballerías de tierra, y su distancia al paradero del ferrocarril de Cárdenas no pasa de tres cuartos de legua.

Todas las construcciones del ingenio Monserrate son de grandes proporciones; el centro le ocupa la casa de calderas de considerable dimensión y cuya forma es la de una T, disposición ventajosa a nuestro modo de ver, pues toda la parte transversal que comprende grande espacio, tiene por objeto recibir la caña cortada, funcionando en ella al mismo tiempo los dos conductores de bagazo.

La máquina es horizontal de la fundición de West Point, de fuerza de 35 caballos, y pone en movimiento un eje que hace girar dos trapiches; producen el vapor dos generadoras que funcionan alternativamente a fin de poderlos limpiar. Los trenes son jamaiquinos y constan de cuatro enteros y dos medios con sus correspondientes clarificadoras. El lugar que los trenes ocupan es realmente bello, y mide 100 varas de largo sobre 18 de ancho; la circunstancia de tener mucho puntal hace que sea muy ventilado y cómodo, no experimentándose en él ese calor sofocante que se nota en muchas fincas de la misma clase. Hay además un tinglado con 2.000 furos, y la ligera inclinación del batey ha permitido colocar los trenes en declive. Todo el edificio está construido de madera escogida.

La casa de purga es bellísima y puede considerarse como una de las primeras de la isla; mide 180 varas de largo y 42 de ancho, y contiene 22.000 furos con 108 gavetas para secar azúcar. En el centro del edificio hay una bonita puerta con su reja de hierro, y en el primer piso se halla la habitación del mayordomo, quedando reservada la parte baja para servir de envasadero y almacén de azúcar. Toda la horconadura empleada en la construcción es magnífica. Pone en comunicación ambos edificios un camino de hierro cubierto y provisto de una balaustrada del cual continúa hasta la pisa de barro situada detrás.

El aparato de gas, que da muy buena luz, se halla entre la casa de calderas y la de purga; por medio del chapapote ilumina todos los departamentos sin que esto impida que haya además faroles en el batey y en el trapiche. Detrás del gasómetro se ha colocado una estufa para secar.

El Barracón puede tener unas 100 varas a cada viento, y la enfermería, que es de dos pisos, ofrece bastante capacidad interior con divisiones para las diferentes clases de enfermos a los cuales se asiste con el mayor esmero. Al lado se halla la carpintería en que se ha establecido una sierra movida por el vapor; éste fue el primer departamento que se planteó. No dejaremos de mencionar las dos casas de bagazo y el bonito campanario, situado en el centro de este hermoso ingenio, cuyo producto es de 6 a 7.000 cajas.

Finalmente, lo que más llama la atención en esta finca después de la disposición general, es el extremado aseo que en todo él reina, lo que redunda en elogio de su dueño.

Ingenio Monserrate, propiedad del excelentísimo señor conde de Santovenia

Departamento Occidental. Jurisdicción de Matanzas. Partido de La Cidra

Ingenio Acana, propiedad del señor don José Eusebio Alfonso

Este ingenio se halla situado en la jurisdicción de Matanzas y a 6 leguas poco más o menos de aquella ciudad. Su distancia del paradero de La Cidra en el ferrocarril de La Unión a Matanzas es de cerca de una milla. Hemos de intento elegido esta finca con el ánimo de probar que a fuerza de trabajo y constancia se puede elevar un ingenio mediano al un alto grado de prosperidad como le ha sucedido al que nos ocupa.

Linda con El Triunvirato del señor don Julián Alfonso; con La Concepción que pertenece a toda la familia del mismo apellido como fomentado que fue por el padre del señor don Gonzalo Alfonso, debiendo considerarse como el que sirvió de punto de partida para fomentar todos los que poseen en la actualidad los descendientes de aquel; con el San Antonio de Pádua, propiedad de la señora Viuda de Hernández y con el de San Francisco perteneciente a la señora Viuda de Senac. Fundóse en 1816 y efectuó su primera zafra en 1818. Anteriormente era de todos los hermanos de Alfonso hasta el año de 1830 en que pasó a la exclusiva posesión de su propietario actual. En 1844 este formó el proyecto de demolerlo a fin de convertirlo en potrero, pero se encargó entonces de administrarlo don Pedro Larroudé quien a fuerza de esmero y perseverancia logró ponerlo en el pie en que hoy se halla y en que poco deja que desear si es que algo deja realmente.

Esta finca se halla atravesada por dos ríos: el Canímar que corre del Oeste al Este y otro menos caudaloso llamado Paso

Seco que tiene una dirección contraria, abundando ambos en pesca. El ingenio mide 48 caballerías de extensión, 25 de las cuales están plantadas de caña, mientras que las restantes constituyen el monte y un buen potrero que se cuenta en el número de las dependencias de la finca. Su posición es sumamente pintoresca a la par de todas las que se hallan en las inmediaciones de Matanzas, apareciendo vista desde el camino de hierro tal cual la reproducimos en la lámina. Contribuye al buen efecto que produce la circunstancia de ser algo ondulado el terreno y de pasar el camino de hierro por la parte superior de la cañada en que se despliega el expresado ingenio, así como El Triunvirato, Erice y otros. En él hemos podido observar un sistema de tachos de dar punto inventado por Mr. Larroudé; dicho sistema consiste en una válvula que permite vaciar instantáneamente, es decir, en ocho segundos todo el contenido de la paila que va a caer en la resfriadera. Muy ingenioso nos ha parecido semejante innovación, tanto por la economía de tiempo que produce, como por la ventaja positiva de vaciar una templa sin correr el riesgo de que se caramelice. Hemos podido también observar allí otra invención de Mr. Larroudé que consiste en una plataforma circular destinada a suministrar la caña al molino, idea que nos ha parecido muy útil. Pasemos ahora a las fábricas:

La casa de calderas contiene cuatro trenes jamaiquinos y un aparato al vacío. La invención de los trenes mixtos y el particular estudio que de ellos ha hecho el ingeniero Mr. Daniel Ducrey está probablemente destinada a desempeñar un papel muy importante en la fabricación del azúcar en la Isla, bajo los puntos de vista de la modicidad del precio comparado con el de los aparatos completos al vacío, y la facilidad con que estos pueden ser conducidos por los maestros de azúcar comunes mediante un ligero estudio de su modo de funcionar. Dicho aparato fue establecido en 1855, y ha efectuado la zafra con grandes ventajas como son: la cocción de las meladuras elevadas a los 26° en el tren jamaiquino, y dirigidas en tanques en que son decantadas para pasar enseguida a otro tanque donde el aparato las aspira a fin de cocerlas con baja temperatura por medio de los escapes del molino y de la bomba de aire más que suficientes para efectuarlo, tanto con ellas como con las mieles de primera y segunda calidad. Tan palpables son los resultados de este aparato, que las mieles que pueden dar un rendimiento, purgadas en hormas, de un 70 a 75 %, han producido en la zafra pasada con 500 bocoyes de 320 a 330 bocoyes de azúcar purgado, la cual ha sido vendida a 7.25 y 7.5. En segundo lugar, debe tenerse en cuenta su mejor calidad obtenida por una buena cristalización que permite una purga más uniforme, la cual se consigue por medio de la decantación que deja las meladuras libres de las partículas heterogéneas, perjudiciales tanto a la uniformidad del color, como a la calidad, que son las ventajas que todos reconocen hoy en los productos de los aparatos al vacío. Finalmente, presentando el aparato tubular en cuestión una superficie tan considerable a la acción del calor, facilita el uso de los vapores de escape a una presión que no excede de 6 a 7 libras. Hallando los vapores una superficie de condensación tan grande, quedan reducidos a 90° centígrados para servir de nuevo a la alimentación de las calderas; por este medio los generadores reciben una agua perfectamente destilada que no deja ningún sedimento calcáreo o ferruginoso los cuales ocasionan generalmente la destrucción de todas las calderas de vapor y presentando de consiguiente una grande economía de combustible.

En 1854 se han establecido en los ingenios Santa Rita del señor don José Barró y Santa Clara del señor don José Mazorra dos sistemas mixtos que han dado también los mejores resultados, especialmente el de Santa Rita que ha hecho en las zafras de 1855 y 56 cerca de 8.000 cajas de primera calidad y 784 bocoyes de moscabado de miel purgada por centrífugas los cuales se han vendido 7.75 y 8, precios iguales a las de los moscabados obtenidos en aparatos completos en que se hace uso de la filtración. Esos aparatos mixtos comienzan a adoptarse generalmente en los principales ingenios de Banagüises, como en Santa Gertrudis, del señor don Manuel Espelius, Vizcaya, del señor don Julián Zulueta, Santiago, del señor don Bonifacio de la Cuesta, La Luisa del señor don José Barró y algunos más.

La primera máquina del Acana fue colocada en 1823 sin que en un radio de 15 leguas hubiese durante muchos años ninguna otra; también ha sido una de las primeras en toda la Isla: no tenía más que la fuerza de 6 caballos; después fue reemplazada por otra más fuerte de Fawcet, de 17 caballos ingleses.

Lo más digno de atención después de lo que llevamos dicho, es el hermoso barracón de 112 varas en cada frente, construido enteramente de piedra blanca de La Sabanilla, con un magnífico patio en el centro; el hospital, la casa de criollos, la de purga con su estufa, la casa de vivienda y el buen gasómetro colocado en 1853. Todo en este ingenio revela comodidad y esmerado aseo.

Su producto es generalmente de 4.000 a 4.500 cajas anuales.

Ingenio Acana, propiedad del señor don José Eusebio Alfonso

Departamento Occidental. Jurisdicción de Matanzas. Partido de San Andrés

Ingenio Trinidad, propiedad del señor don Esteban Santa Cruz Oviedo

El ingenio Trinidad (a) Vista hermosa, ubicado en la hacienda San Andrés, parroquia de La Sabanilla del encomendador, donde se halla el embarcadero del camino de hierro de La Sabanilla, dista en linea recta 2 leguas cortas del paradero de La Unión y 3 por el camino real. Ocupa una posición elevada en la loma de Limones, y tiene inmediatos en la parte del Norte varios potreros, al Este La Concepción de la señora de Oviedo y al Sur los ingenios de San José y Santo Domingo del señor don Domingo de Aldama.

Fue fomentado por su dueño en 38 caballerías de tierra, lo que constituyó su fondo, y aunque hoy consta de 54, las excedentes fueron habidas después de los vecinos; además emplea en el cultivo de la caña 6 y media caballerías más, tomadas a renta, lo que constituye un total poco más o menos de 45 caballerías sembradas. El producto de este ingenio puede ascender a 6 o 7.000 cajas, y está montado a la manera de la mayor parte de las fincas de su clase, esto es, empleando siete medios trenes jamaiquinos con sus dos clarificadoras cada uno; tiene dos máquinas inglesas de 8 y 15 caballos. Para facilitar el trabajo a los cargadores de caña, el guarapo es elevado por medio de una bomba que mueven las mismas máquinas, la mayor de las cuales fue puesta en 1839 en que dio su sexta zafra el ingenio, siendo bastante grande para que se pueda hacer con estos trenes, de tarea semanal, más de 4.500 panes de hormas de Hechaide, según se ha verificado en diferentes años, estando además bien aprovechadas las ventajas que ofrece su terreno quebrado para la colocación de las fábricas que son costosas. Una cañería lleva el agua potable de un ojo de agua que se dirige a un depósito principal construido en lo más elevado del batey, y de allí se distribuye en varios ramales que surten de ella a todas las fábricas y establecimientos de la finca.

La casa de purga, cuadrada, de menos apariencia que comodidad, con motivo del punto que ocupa en la posición quebrada del terreno, tiene tres pisos; en los dos altos hay tinglados para azúcar, con 14.000 furos, y sobre treinta gavetas de secar azúcar blanco separadamente. Inmediata tiene su estufa de Estiger, de cien cajas diarias, que bien manejada ha correspondido perfectamente.

La enfermería, aunque no grande, llama la atención por el aseo particular que en ella reina; el barracón, de forma cuadrada y de mampostería, se halla situado en punto alto, es bastante grande y contiene habitaciones bien proporcionadas y un cómodo lavadero para hembras, además de sus baños para ambos sexos. La casa de vivienda es lo menos de que se ha cuidado el dueño, atendido su menor importancia en la finca; sin embargo es aseada, y una buena caballeriza con treinta caballos de silla, poco más o menos, está situada al lado.

La finca se halla en buen estado y posee una dotación general de mil y pico de esclavos, 300 de ellos criollos, de los que emplea indistintamente el dueño el número que estima conveniente, mientras que los demás los acomoda por fuera. Por su terreno quebrado y sus arboledas que abrazan toda su área, es de alegre aspecto, embelleciéndola una gran cantidad de palmas reales. Se cultiva generalmente la caña cristalina, aunque hay también alguna de Otahití muy buena: pero con la sequía de los últimos años se apeló como en la mayor parte de los ingenios, a la cristalina que es la que, a pesar del terreno de mediano fundo, se produce de una manera poco común, y aunque no pasa el guarapo de 9 a 9.5 grados de peso, siendo su producido escaso en los primeros meses, da sobre ocho panes por paila común en marzo y abril.

Nótase un decidido empeño en hacer todas las operaciones con la mayor perfección posible, siendo el mismo dueño quien lo dirige todo, y ocupándose de cuanto concierne a la administración. Una de las cosas a que más se atiende es la siembra de la caña, ejecutada con especial cuidado. Se hacen los hoyos de cuarta franca de profundidad, 18 pulgadas de largo y otro tanto de ancho, lo menos, a fin de que los tres trozos de semilla queden separados y sus ojos o pepitas mirando a los costados, es decir que no estén unos para abajo y otros para arriba, cuidándose también mucho de que jamás haya yerba. A los ocho días de cortadas las cañas de planta, se le revuelve la paja apartándola de la cepería, y de este modo se obtienen macollas o cepas de una vara plana en cuadro con una producción increíble.

Junto a esta finca, y asistida con su negrada, tiene el criadero de criollos, muy cuidado por el propietario, quien consigue por esta razón un aumento de treinta negros un año con otro, mientras que la pérdida de grandes se calcula ascender únicamente a diez, cuando más, en el mismo período de tiempo. Durante la mitad del año la negrada se mantiene con viandas y en la otra mitad con harina de maíz, arroz y frijoles, dándole a menudo también vaca y puerco fresco, y en el transcurso del día tres comidas abundantes; a este cuidado se debe la cesación en esta finca de la disentería que se llevaba anteriormente tantos individuos.

La tormenta del 1846, derribó la primer torre de la máquina la cual fue reconstruida inmediatamente. En el de 1847, la destruyó un rayo, pero se reedificó algunos meses después con más solidez, desde su cimiento; las máquinas no han causado grandes gastos al dueño desde su fundación.

Ingenio Trinidad, propiedad del señor don Esteban Oviedo

Departamento Occidental. Jurisdicción de La Habana. Partido de Güines

Ingenio Amistad, propiedad del señor don Joaquín de Ayestarán

La pérdida que la industria azucarera acaba de sufrir en la persona del señor don Joaquín de Ayestarán nos impone el deber de consagrar en nuestra obra, creyendo honrar así su memoria, un artículo a su ingenio, notable sin embargo de los contratiempos que diferentes veces tuvo que experimentar. Los estudios que aquel ilustrado hacendado había emprendido sobre todas las materias industriales, agrícolas y aún químicas susceptibles de aplicación en el país, le dan justos títulos para ocupar un lugar entre los más distinguidos hijos de Cuba. Estas cualidades se hallaban por otra parte realzadas en él por la condescendencia con que auxiliaba con sus conocimientos a cuantos los necesitaban, y por el entusiasmo con que ponía en planta al momento cualquier sistema capaz a su modo de ver de producir alguna nueva mejora. No es de extrañar por tanto que su pérdida haya sido profundamente sensible para los que miran con verdadero interés los progresos de la elaboración del azúcar en la Isla.

Pasando ahora a ocuparnos de su ingenio titulado: Amistad, diremos que es una de las primeras fincas importantes de su clase que se encuentran al salir de La Habana en dirección de Güines, distando del primer punto unas 36 millas. Hállase situado media legua al Este de aquella villa y en el centro del hermoso valle de su nombre tan celebrado por su fertilidad y lozana vegetación. En efecto, la vista no puede fijarse sin extremado placer en las cristalinas corrientes que después de haber seguido su caprichoso curso en diferentes sentidos ponen en movimiento un gran número de molinos de arroz y de maíz para después deslizarse bajo los rústicos puentes que las cruzan en todas direcciones y continuar su pacífico curso lamiendo las raíces de los árboles que reflejan en el cristal de sus aguas su fresco verdor, o atravesando los plantíos de arroz que tan ampliamente recompensan con sus productos las fatigas y desvelos del afanoso labrador. Todo parece en fin sonreír en aquel valle que nos traslada de improviso a los templados climas donde nunca se experimenta la seca y alta temperatura que con frecuencia aflige a las regiones tropicales.

El ingenio que nos ocupa linda con otros muchos entre los cuales son dignos de citarse por su importancia, el Alejandría del señor don Manuel Bulnes, La Cruz del señor marqués Morales, y Armenteritos del señor don Nicolás de Cárdenas. Su terreno es enteramente llano y compuesto de tierra de diferentes clases en que predomina la colorada, y el campo de caña se extiende hasta la misma población. Destinado a consecuencia del elevado precio de los licores espirituosos a la producción de ron, las siembras han sido descuidadas en cierto modo el año pasado, pero puede decirse que antes se hallaban en muy buen estado produciendo cañas de sorprendente tamaño merced al excelente sistema de cultivo observado por su dueño y al uso de los arados americanos perfeccionados, que sería de desear fuesen más generalmente empleados en los terrenos que a ello se prestan. El alambique establecido en la mencionada finca era excelente; constaba de 100 curvatos de chorro continuo para preparar las baticiones y producía cerca de 25 pipas diarias; pero desgraciadamente un incendio que se declaró el 5 de mayo lo destruyó casi del todo.

El Ingenio Amistad fue fundado a fines del siglo pasado por el padre de su último poseedor en sociedad con el excelentísimo señor don Luis de las Casas, y en un principio no tuvo más terreno que en la actualidad, pero gracias al arbitrio de que se valió su dueño y que consistió en tomar en arriendo una parte de las fincas inmediatas, cuenta hay 20 caballerías sembradas de caña. Este ingenio es uno de los muy escasos que tienen por fuerza motriz la hidráulica, y a la casa de calderas corresponden los aparatos establecidos que ofrecen los pormenores siguientes: seis generadores de fuerza de 180 caballos; un molino de mazas horizontales que hace girar una rueda hidráulica movida por una caída de agua procedente de una acequia de mampostería de 240 varas de largo y 3 y media de ancho en toda su longitud. El cañón de agua en su caída mide 3 varas y 8 pulgadas y su fuerza motriz puede calcularse en 40 caballos ingleses. La rueda está formada de una serie de cubos divididos en cuatro compartimentos, siendo su diámetro de 8 varas 18 pulgadas. Dicha rueda está muy bien construida y proporciona como todo el mundo sabe, una grande economía de combustible, si se compara a los motores de vapor. En cuanto a la rueda catalina tiene 6 varas, y las mazas no efectúan más de revolución y media por minuto. Las calderas de defecar son en número de cinco, de capacidad de 16 hectolitros cada una y pueden hacer setenta defecaciones en veinticuatro horas. El guarapo procedente del molino cae en un depósito situado en el piso bajo y es subido a las pailas con el auxilio de un montejus. Después de defecado pasa a tres grandes depósitos de hierro en que se ha practicado una abertura que lo deja salir después de haberse verificado el conveniente asiento; es necesario limpiar de tiempo en tiempo dichos depósitos a fin de que no envíen residuo alguno a los filtros por medio de los cuales se filtra el guarapo por primera vez. El número de estos asciende a trece con capacidad de 2.500 libras de carbón animal, hallándose cada uno de ellos provisto de su correspondiente sifón, lo que en términos de fabricación ofrece la gran ventaja de no permitir la introducción de fuentes o sea depósitos de aire; el guarapo es recibido en un tanque de donde por aspiración lo sacan dos aparatos de Derosne a fin de transformarlo en meladura, pasando enseguida mediante un montejus a un receptáculo colocado encima de las defecadoras, y después a dos pailas de serpentines de aire libre a fin de recibir otra ebullición y ser espumado de nuevo. Esta operación es sumamente ventajosa por el motivo de que vuelve a limpiar la meladura y que la pone en estado de ebullición en el momento de pasar por segunda vez a los filtros. El líquido es entonces aspirado y va a parar a un grande aparato americano del sistema de Dod capaz de contener en cada templa 150 o 200 panes, operación que se efectúa en el espacio de tres horas. Las bombas destinadas a formar el vacío son dos: la que corresponde a los dos aparatos de Derosne consiste en una pequeña máquina giratoria de fuerza de 5 caballos, y la que pertenece al aparato americano que es de columna de inyección, tiene la fuerza de 8 caballos. El propietario ha creído más conveniente o ventajoso no hacer más que azúcar moscabado, y con tal objeto, como la cosecha del ingenio no correspondía ni con mucho a la fuerza de sus aparatos, compraba a los hacendados de las inmediaciones la miel de purga que obtenían en la zafra. Por este motivo se veía precisado a efectuar alternando en el aparato Dod una templa con el guarapo de su finca y otra con la miel que adquiría. Los hornos destinados a la revivificación son de cubos de hierro y el lavadero es el de hélice de Derosne. Al señor don Joaquín de Ayestarán se debe la introducción de las dos primeras centrífugas establecidas en la isla en 1849, número que hizo ascender a cinco y finalmente a diez, las cuales elaboraban en cada veinticuatro horas sobre 25 bocoyes. El conjunto que ofrece el sitio destinado a la elaboración es bellísimo; ahora dos años sufrió el edificio una completa reparación; el techo enteramente nuevo fue cubierto de zinc, reuniendo a una increíble ligereza toda la solidez apetecible así como una forma enteramente desconocida en el país: todas las máquinas fueron desmontadas y vueltas a sentar en sitio más a propósito, de manera que desde la galería de las defecaciones se abraza de un solo golpe de vista todo el interior. En 1853 estableció el aparato de gas. Si no hablamos de la casa de purga, es porque se colocó en ella el alambique no haciendo el propietario azúcar blanco. Finalmente, hay una bonita enfermería aunque pequeña, y la casa de vivienda situada entre dos jardines es notable por su extremado aseo. Todo en este ingenio se hallaba sacrificado a la producción, por eso se notaba una actividad industrial que en pocas fincas de su clase se encuentra.

Ingenio La Amistad, propiedad del señor don Joaquín de Ayestarán

Departamento Occidental. Jurisdicción de Cárdenas. Partido de Alacranes

Ingenio San Rafael, propiedad de la familia de Ruiz y Alentado

Ubicado en la hacienda de La Lucía y una milla distante del paradero de Bolondrón, ferrocarril de La Unión a Navajas, y a una distancia con corta diferencia igual del de La Güira perteneciente al mismo camino de hierro, es esta finca una de las mejores establecidas en aquella rica comarca. En torno suyo se agrupan otras muchas aunque un poco menos importantes; sin embargo, a la distancia como de una legua en dirección del este se encuentra el magnífico ingenio La Armonía, del señor don Miguel de Aldama, y en dirección contraria el de Mr. Verrier establecido en los terrenos de un antiguo cafetal y que es quizá entre todos los de las inmediaciones el que posee la mejor guardarraya de palmas y sagús[13] de la India. Toda aquella jurisdicción hasta La Unión y aún más lejos, está cubierta de fincas de igual clase, pero las más inmediatas a la que nos ocupa, son: por el Norte el ingenio de San Francisco del señor don Ramón Rodríguez y los terrenos del señor don Domingo de Aldama; al Este el de San Benito del señor don Pablo García y El Dichoso del señor don Miguel de Silva; al Sur el de Santa Rita del señor don Bartolomé R. de la Mata y la Ciénaga de Zapata, y al Oeste el de la Pura y Limpia del señor don Fernando A. de Zayas.

Fomentólo en 1825 el señor don José Ruiz y Febles y pertenece hoy a los herederos de la señora doña María de los

13 El sagú es una especie de palmera de hojas grandes, con frutos ovoides, cuyo tronco tiene forma de tubérculo y es comestible. (N. del E.)

Dolores Alentado de Ruiz. El terreno elegido al efecto por el fundador es de superior calidad de tal manera, que después de haber considerablemente sufrido a consecuencia del huracán de 1844 que hizo bajar la siguiente zafra a 700 cajas, después de haber elaborado 5.120 el año anterior, pudo elevarse con sus propios recursos casi instantáneamente hasta el grado de producir en 1846 más de 4.000. Su actual producción es de 6.000, debiendo observarse que no es un ingenio enteramente nuevo, puesto que efectuó su primera zafra en 1827. La superficie del terreno es tan enteramente llana, que con dificultad podría encontrarse la colina más baja, circunstancia por otra parte que concurre en todas las fincas de la misma jurisdicción. Como ya lo hemos dicho, el terreno es sumamente fértil y compuesto de tierra mulata. Su extensión comprende una área de 180 caballerías, 57 de ellas sembradas de caña, la mayor parte blanca, siendo el resto de cinta, con la ventaja de ofrecer más de 50 caballerías de monte, independientemente de dos extensos potreros y un sitio de viandas que suministra abundantemente lo necesario para satisfacer todas las necesidades de la finca. El ferrocarril de Navajas le pasa por delante del mismo ingenio.

En cuanto a las fábricas nada podemos decir de ellas que no redunde en alabanza de los propietarios actuales, tanto por el aseo como por el orden que en ellas se advierte. Es verdad también que el primitivo dueño se había complacido en adornar la finca de un modo competente, pasando en ella por su gusto una parte del año. Los edificios son todos de mampostería muy bien construidos, hallándose en la magnífica y espaciosa casa de vivienda las comodidades que son de apetecer en una población; pues además de todas las dependencias de costumbre posee vastos salones, oratorio, un bellísimo jardín y hasta un cementerio rodeado de muros, con su reja de hierro, muy bien cuidado y destinado a recibir los restos de los esclavos.

El batey es de mucha extensión y perfectamente llano. La casa de calderas situada en el centro es de gran capacidad, muy ventilada y contenía primitivamente cuatro medios trenes: pero en vista de su insuficiencia relativa, se introdujo una modificación sustituyéndolos con dos trenes enteros y tres medios jamaiquinos. El trapiche es de Fawcett Preston y compañía y fue montado en 1840. Hay además dos calderas de vapor, bombas, proveedoras etc. etc.

La casa de purga, de un solo cuerpo, con una horconadura casi toda de caoba, contiene 12.000 furos y comunicación con la casa de calderas por medio de un ferrocarril construido en el mismo suelo, habiendo en el interior dos plataformas destinadas a subir los productos al primer piso. La pisa de barro se halla al lado de esta última así como dos estufas capaces de secar de 30 a 35 cajas diarias. Una de las construcciones que más nos han llamado la atención es el hermoso barracón, todo de mampostería y de capacidad suficiente para 300 negros, rodeado de colgadizos interiormente, con la cocina en el centro, además del lavadero y las necesarias dependencias. No solo está bien edificado, sino que producen muy buen efecto las columnitas que lo circundan coronadas de graciosas almenas. Las dimensiones son de 100 varas a cada viento. En uno de sus extremos está situada la enfermería atendida con grande esmero y en la cual reciben los pobres pacientes la asistencia que su estado reclama.

Dos enormes pozos provistos de sus correspondientes bombas aspirantes e impelentes suministran con abundancia el agua necesaria para la finca. En una palabra, todo guarda proporción con la magnitud del ingenio que produce además de azúcar purgado blanco todas las demás calidades secundarias, siendo su dotación actual de 260 negros inclusos cincuenta criollitos y a más veinte chinos.

En uno de los potreros existe un ojo de agua tan útil como pintoresco, alimentándole dos fertilísimas fuentes que van a perderse en uno de los extremos de la extensa cueva la cual ofrece un golpe de vista sumamente agradable con las raras figuras que presentan las piedras y estalactitas que allí abundan. Las cuevas no escasean en la Isla; antes por el contrario encuéntranse en diferentes localidades, siendo muchas de ellas curiosas por las caprichosas formas que adquiere el carbonato de cal disuelto en el agua que al través del terreno que les sirve de techo filtra. La que ahora nos ocupa es notable por el interesante fenómeno de subir y bajar periódicamente el agua siendo la diferencia de nivel cerca de una vara.

Ingenio San Rafael, propiedad de la familia de Ruiz y Alentado

Departamento Occidental. Jurisdicción de Cárdenas. Partido de Macurijes

Ingenio Intrépido, de la propiedad del señor coronel don Miguel de Cárdenas y Chávez

El Intrépido ubicado en tierras de la hacienda de Macurijes, parroquia de Corral Falso, donde se halla el paradero del mismo nombre, dista media legua escasa del de Navajas y del de Montalvo al cual remite el dueño sus frutos para conducirlos a Cárdenas.

Ocupa la expresada finca una posición bellísima y puede decirse que se distingue entre las demás con quienes linda. En el mismo partido, uno de los más ricos de la Isla, existen otros ingenios de mucha importancia. Al Sur y como a 2 leguas de distancia se encuentra La Luisa, de Mr. Keen; en el mismo rumbo está el ingenio Descanso de los señores don Joaquín Pedroso y don Antonio Solar, al Este Las Mercedes de don Pablo Hernández y al Norte el que lleva por título Santa Filomena del señor conde de Romero.

La calidad de su terreno alto y bajo, pero generalmente llano, es bermejo en su mayor parte, y se encuentran también en él tierra negra y colorada. Fomentado por su dueño en el año de 1830 en 58 caballerías y media, solo emplean en cultivo de la caña 49, siendo aquella casi toda blanca con una parte de cristalina. Hay además 3 y un cuarto caballerías sembradas de boniatos y 4 y media de plátanos algunos de estos con yuca y todo en brillante estado. Cerca de una legua distante tiene un potrero de 37 y media caballerías montuosas que sirve para la crianza y donde pasta la boyada, el cual se halla cercado y convenientemente dividido. La dotación es de 382 negros de ambos sexos, cincuenta y una carretas de tiro y 244 yuntas de bueyes. Penétrase en esta finca por una hermosa portada de medio punto con su reja de hierro adornada de dibujos, en que principia una vistosa guardarraya de 40 varas de longitud sembrada de palmas y árboles frutales: en su extremidad se eleva un palomar chinesco que a la vez que sirve de adorno ofrece un sitio en que colocar al guarda candela que desde aquel punto elevado puede observar cuanto pasa en toda la extensión que el ingenio comprende.

El producto anual de esta finca puede ascender a unas 7 o 8.000 cajas y se halla preparado según su arranque para número mayor. El agua se conduce a toda ella por cañerías desde un naciente que hay en el mismo batey en cuyo sitio es elevado, por medio de una bomba de doble acción, a seis depósitos de unas 7 varas de altura para ser distribuida después a todas las fábricas y hasta al jardín, huerta, etc. Según nos ha manifestado el administrador, el dueño tiene la intención de llevarla también en el presente año al campo de caña, para lo cual ha hecho traer del extranjero seis grandes estanques de hierro destinados a servir de depósito, regando así el cañaveral que más lo necesite por medio de cañerías encargadas también expresamente. Digno de mencionar es igualmente el buen pensamiento que ha tenido el dueño de mandar construir dos casillas que son llevadas al campo para servir de lugar de abrigo a la negrada en tiempo de lluvia. Finalmente, el fruto de este ingenio es de muy buena calidad y la caja de 18 arrobas no necesita más de ocho y medio panes; las hormas empleadas son todas de metal.

La casa de ingenio de 36 varas de largo y 26 de ancho, es de bella apariencia y espaciosa; en el centro tiene su conductor de caña de 47 varas y el de bagazo que es de 15. La máquina de moler de fuerza de 60 caballos ingleses de MacOnie and Mirrlees de Glasgow, está perfectamente construida; es vertical y se halla montada sobre seis columnas de hierro fundido, de sector, cilindro de 22 pulgadas y 5 pies de golpe; las masas tienen 6 pies 6 pulgadas inglesas de largo y 33 pulgadas de diámetro; las generadoras son de 40 caballos cada una y están provistas de dos calentadoras. La casa de calderas, de 80 varas de largo y 42 de ancho, se encuentra situada en un piso más bajo; contiene seis trenes jamaiquinos de cuatro pailas con dos clarificadoras cada una. En ella hemos visto plantificados dos aparatos muy ingeniosos destinados a hacer subir el azúcar bruto a los tinglados desde donde pasa por ferrocarriles a la casa de purga; dichos aparatos son sencillos en su mecanismo y tan rápidos en su modo de obrar, que diez negros no dan avío para subir y colocar las hormas: tiene también ocho tanques de guarapo frío de capacidad de veinticuatro pailas y que se comunican entre sí por medio de una canal; cuéntanse 1.230 furos.

Una de las casas de purga está al Norte de la de calderas con 6.872 furos y la otra al Este con 10.336 hallándose ambas provistas de sus caminos de hierro y embelleciendo notablemente el batey: la primera mide 95 varas sobre 25 y la segunda 200 sobre 20; aquella tiene sesenta gavetas y su estufa correspondiente según el sistema común, mientras que la última al aire libre puede secar cien cajas diariamente.

La enfermería es cuadrada y con una sola puerta para impedir las comunicaciones, revelando su vista así como el régimen que en ella se observa el esmero de su dueño: basta decir que hay un médico que vive en la misma finca, además de un enfermero y tres ayudantes. El edificio está dividido en varias salas espaciosas, destinadas a las diferentes clases de enfermedades. Los sábados se lavan las camas y se les mudan las sábanas y ropas que se les da al entrar en cambio de la que llevan: además se les afeita, si la enfermedad lo permite, y se baldean todas las salas dos veces a la semana.

Una de las cosas que más llamaron nuestra atención durante los tres días que estuvimos siguiendo las operaciones de la finca es la armonía que guarda la alegre disposición de las fábricas pintadas de varios colores: y el contento que se advierte en los semblantes de todos los negros que forman la dotación y que se entregan al trabajo con muy buena voluntad es fácil de comprender por el buen trato que reciben. Los trabajos están tan bien distribuidos, que no fatigan al negro, pues hasta en la casa de calderas los facilitan los depósitos destinados a recibir los guarapos que deben elaborarse en seis o siete horas de noche durante las cuales los trabajadores pueden descansar. Esto unido a la buena alimentación influye en que la dotación goce de una perfecta salud.

Con el mismo esmero atiende el dueño a los criollos cuya casa se haya situado en el batey. A él se debe que haya actualmente unos 70 y que anualmente se logren de 25 a 30. Cosa digna de observarse es también que el cólera no ha invadido nunca esta finca.

En suma, el dueño se encuentra siempre dispuesto a admitir cuantas mejoras se han inventado con el objeto de producir ahorro de brazos y de tiempo. Este espíritu innovador ha sido el que más ha influido sin duda en la prosperidad de la finca de la cual nos apartamos con sentimiento pero con el agradable recuerdo de la cordialidad y atenciones con que fuimos recibidos.

Ingenio Intrépido, propiedad del señor coronel don Miguel de Cárdenas y Chávez

Departamento Occidental. Jurisdicción de Cárdenas. Partido de Macurijes

Ingenio Unión, propiedad de los señores Fernández

Este ingenio perteneciente a los señores don Miguel y don Pedro Lamberto Fernández, se halla situado en el partido de Macurijes, punto de nuestra Isla en que existen otros muchos notables como son: el del señor conde de Romero, El Intrépido, del señor don Miguel de Cárdenas y Chávez, La Luisa de Mr. King, La Conchita del señor don J. M. de Cárdenas y Chacón y algunos más cuya enumeración nos llevaría demasiado lejos. Los terrenos del mencionado partido son en general de tierra colorada de fondo y pantanosos en varios parajes, circunstancia que ha permitido abrir en algunos ingenios pozos de suma utilidad y de una fertilidad extrema a causa de las grandes filtraciones que corren debajo de la superficie del suelo, motivo por el cual nunca se han agotado, a pesar de la gran cantidad de líquido que los aparatos consumen. Dista La Unión 4 leguas de Bemba y una y media del paradero La Isabel del ferrocarril de Matanzas, lindando por el Norte y por el Sur con varios sitios, por el Este con los ingenios de los señores don José María Ponce de León y don Domingo André y con otras varias fincas de poca extensión, y por el Oeste con los de los señores don Manuel Rodríguez, don Agustín E. de Abreu y don José Francisco Serrano.

Ocupa La Unión un terreno enteramente llano cuya área abraza la extensión de 128 caballerías de las cuales 45 están sembradas de caña de Otahití y cristalina, cubriendo las tres cuartas partes la primera y la cuarta parte restante la segunda. En el terreno sobrante, en una superficie de 40 caballerías, despliegan su vigorosa vegetación prolongados bosques en que del mismo modo que en los partidos inmediatos abundan extraordinariamente las maderas de construcción y otras muchas susceptibles de útiles aplicaciones. Además posee esta finca piedra calcárea de excelente calidad, igualmente a propósito para la edificación y para hacer la cal que se emplea en la casa de calderas, habiéndose descubierto hace poco una cantera de que se han sacado muy buenos cantos para el asiento de la máquina. Inútil es manifestar que con semejante abundancia de materiales son bellísimos todos los edificios de la finca construidos de cedro, mampostería y teja.

Los actuales propietarios de La Unión comenzaron a fomentar la finca en 1838, viéndose obligados a preparar el terreno derribando los robustos y añosos árboles que constituían el monte firme que allí existía entonces. Al cabo de poco tiempo pudieron notarse los progresos que hacía, especialmente desde 1847 en que este ingenio entró en una constante vía de mejoras progresivas principiadas con la adopción de los tachos al aire libre de Stillman, los cuales después de las consiguientes vicisitudes fueron reemplazados por los aparatos perfeccionados de Derosne y Cail, hallándose en estado para realizar su zafra de 10.000 cajas, o su equivalente de que consta actualmente su campo. Influyeron no poco en tan buen resultado, y lo hacen esperar mayor aún en lo venidero, varias circunstancias locales como son: la buena calidad del terreno, la facilidad con que se trabaja, y la comodidad que la plana superficie del suelo ofrece para el tiro de la caña, produciendo cada carretada hasta cuatro panes.

Como ya lo hemos dicho, a 45 asciende el número de caballerías sembradas, con la particularidad de ser todos los cuadros perfectamente regulares, formando cuadrilongos de un tercio de caballería, igualdad que facilita mucho las operaciones. Este solo hecho suficiente por sí solo para demostrar la inteligencia de los propietarios, coincide con otro que no podemos menos de citar cumpliendo al hacerlo con un deber de justicia. Ofrécenoslo un libro que llevan aquellos y en que trazan con escrupulosa exactitud cada zafra, la figura total del terreno sembrado con sus correspondientes subdivisiones de caballerías, el número de carretas de caña que cada una de ellas produce, los panes que rinden, la época en que fue plantado cada cuadro que se distingue de los demás por la numeración etc. Con el auxilio de tan bien ordenado y útil plano de una sola ojeada se ponen al corriente de los productos comparativos de los años que cuenta de existencia la finca, y tienen siempre a la vista el estado en que esta se encuentra.

Continuando nuestra interrumpida descripción, diremos que el batey ocupa una caballería de terreno conteniendo todos los departamentos que un ingenio exige. La casa de calderas mide 92 varas, espacio suficiente para el tren que encierra y que consta de las máquinas siguientes: dos generadoras de vapor de 40 pies de largo y 5 de diámetro destinadas al trapiche o las defecadoras; cuatro máquinas inglesas de dos fluces de 155 caballos, dos francesas de 100 caballos, y una independiente para las operaciones necesarias en tiempo de parada, una hermosa máquina vertical de moler caña, fabricada por los señores Ross y Beanes de Glasgow, de 20 pulgadas de diámetro y el cilindro y 4 pies 6 pulgadas de golpe, su rueda catalina es de 22 pies de diámetro, la voladora de 20, las mazas de 7 pies y 30 pulgadas de diámetro, habiéndosele aplicado todas las mejoras del día; ocho defecadoras de 15 hectolitros con depósitos para el guarapo, quince filtros de 4.500 libras de carbón animal cada una; seis hileras de condensadores con veintiún tubos; un aparato al vacío de pequeñas dimensiones para evaporar y otro grande con serpentín y doble fondo, bastante capaz para dar 120 panes en cada templa; dos evaporadoras al aire libre provistas de serpentines; seis centrífugas de J. F. Cail y cuatro hornos con cubos de hierro para revivificar el carbón animal. La chimenea redonda de 40 pies de alto y 3 varas de diámetro interiormente, sirve para todo el aparato.

La casa de purga es también de grandes dimensiones, pues tiene 175 varas de largo y espacio suficiente para 14.000 furos. En igual caso se halla el barracón que forma un cuadrilongo cerrado de 175 varas de largo y 75 de ancho. Este edificio concluido en 1853 está adornado con una gran portada en su centro que le comunica muy buena apariencia. Sabemos que sus dueños tienen el proyecto de darle doble anchura y de plantar árboles en su interior, lo que aumentará el bienestar de los negros a la par que su belleza. No pasaremos en silencio la enfermería construida detrás y a alguna distancia de la casa de vivienda; es capaz y ventilada, y está construida de mampostería y teja con suelos de ladrillos y hormigón y se esmeran los propietarios en todas las más mínimas cosas que pueden aliviar los dolores de los pacientes.

Finalmente, la dotación de la finca es de 297 negros varones y 201 hembras, en cuyo número están inclusos 100 criollitos. Influyen sin duda en la robustez que todos ellos presentan los alimentos que se les dan y que consisten en tasajo, carne fresca algunas veces, y viandas de toda suerte en abundancia. Es verdad también que además del cuidado particular de que es objeto cada negro, los dueños con una previsión que los honra han procurado establecer la debida proporción entre el número de varones y hembras. No debe extrañarse por lo tanto que el ingenio que nos ocupa haya prosperado constantemente dejando a sus propietarios beneficios cada vez mayores.

Ingenio Unión, propiedad de don José Miguel y don Pedro Lamberto Fernández

Departamento Occidental. Jurisdicción de Guanajay. Partido de Quiebra Hacha

Ingenio San José [a] La Angosta, propiedad del excelentísimo señor conde de la Fernandina

Antes de entrar en pormenores respecto de este ingenio, permítasenos echar una ojeada sobre algunos de las más notables de la Vuelta Abajo. Situados por lo común en un terreno generalmente accidentado, a cada paso se descubren hermosos puntos de vista, tanto más variados cuanto mayor es la elevación de las fincas establecidas en la cordillera que domina el fértil valle del Mariel. Así es que el viajero que regresa por tierra de Guanajay siente mitigadas las fatigas del camino por el placer que causa la contemplación de los espléndidos panoramas que a su vista se despliegan. Colocado el espectador en una de las puntas que dominan todo el paisaje, descubre a sus pies la bahía del puerto, y más allá el mismo puerto del Mariel, pequeña y pintoresca población que servía y sirve aún de punto de embarque para los productos de una parte de los ingenios situados en la pendiente de la Vigía del Mariel, aumentando la gracia del conjunto la gran cantidad de palmas que descuellan sobre toda la vegetación. Agréguese a esto la misma desigualdad del terreno, que permite descubrir en rápida sucesión ora un aislado bosquecillo, ora extensos campos de caña, cuyo color verde bajo contrasta con los tintes más vigorosos que forman el fondo del paisaje; en medio de ese majestuoso conjunto extiéndese la vista por una prolongada y no interrumpida línea de ingenios más o menos importantes, en medio de los cuales se distingue el que nos ocupa.

Aunque dichos ingenios no son en general de primer orden por la cantidad de sus productos, como sucede en Banagüises y Macurijes, algunos hay que merecen ocupar un lugar entre los más notables, como son: Las Cañas, del señor de Amiot, Santa Teresa, del señor don Miguel Matienzo y La Asunción, del señor don Lorenzo Pedro, del cual hemos ofrecido una vista a nuestros lectores; los tres están montados con aparatos al vacío. En torno de ellos agrúpanse otros muchos igualmente bien tenidos, aunque al uso ordinario, entre los cuales citaremos El Mariel, del excelentísimo señor general don Gregorio Piquero de Argüelles, Valvanera, de la excelentísima señora condesa de Villanueva, y La Tinaja, del señor don Ramón de Laza, lindando todos tres con La Angosta.

Siendo la desigualdad del terreno uno de los obstáculos mayores que se oponen a la producción, no debe extrañarse que los ingenios de la Vuelta Abajo, punto que debe considerarse como el más antiguo en el cultivo de la caña, no produzcan después de haber dado tan numerosas zafras más que de 2.000 a 4.000 cajas de azúcar, sin embargo de contar con un número de brazos capaz de dar mayores rendimientos en condiciones más ventajosas. A pesar de esto, la Vuelta Abajo es siempre una de las partes más interesantes de la Isla, y una por lo tanto de las que más merecen ser estudiadas.

La situación de La Angosta es sumamente agradable; desde la altura en que se halla colocada la casa de vivienda se domina una extensión de más de 4 leguas en rededor, y el punto de vista que desde allí se descubre es digno de llamar la atención de los admiradores de las escenas que ofrece la naturaleza. El dueño de la finca, aprovechando las desigualdades del terreno, ha tenido el buen gusto de transformar una eminencia bastante elevada en un delicioso edificio, a cuyo pie se extiende un magnífico jardín inglés, plantado con sumo esmero, de altos árboles que forman una prolongada y recta alameda, por la cual se llega a la casa, y de fragantes y variadas flores que embalsaman el aire con sus perfumes y que embellecen con los brillantes matices de sus corolas aquel oasis rodeado de un océano de verdor. Después de haber reposado en sus bancos y de haber contemplado sus numerosas estatuas, la vista reposa con deleite en las tranquilas aguas de un estanque, sobre cuya superficie descuella una bomba encargada de suministrar el agua necesaria para toda la finca, mientras que sembrados como al acaso para completar el cuadro, se ven aquí y allí los barracones de los negros y un considerable número de altos pinos de Nueva Holanda. En este encantador conjunto se descubre el gusto fino y delicado de una persona dominada por el sentimiento de lo bello y amante decidido de todo lo que se refiere a las artes.

Los trenes empleados son todos jamaiquinos y en número de cuatro, dispuestos en una hermosa casa de calderas. La casa de ingenio, que ha conservado la forma de los antiguos trapiches de bueyes, ha recibido la modificación de una máquina de vapor inglesa, de fuerza de 18 caballos. En frente se halla la casa de purga, que contiene 8.000 furos. La enfermería es una de las más bellas fábricas del ingenio, construida sobre arcos, de mampostería así como todos los demás edificios de la finca, y perfectamente asistida; ofrece en su interior espaciosos y ventilados salones en que reina el más esmerado aseo.

En el primer plan de la lámina con que acompañamos esta descripción, se descubre la casa del administrador y junto a ella un vasto almacén, cuya extremidad sirve de carpintería. Anexa a este edificio y por la parte de atrás hay una estufa, mientras que a la derecha y a alguna distancia se ve el alambique y a la izquierda las tres casas de bagazo. Todas las fábricas están cubiertas de tejas, lo que da al conjunto un aspecto agradable a la par que risueño. El producto de la finca varía entre 3.500 y 4.500 cajas de ambos productos.

Concluiremos diciendo que para la próxima zafra se trata de colocar una cañería de hierro de 6 pulgadas y de 3.115 varas castellanas de largo con el objeto de llevar al ingenio las aguas del Río Hondo, haciéndolas subir por medio de una máquina de vapor a la altura de 136 pies.

Ingenio San José de La Angosta, propiedad del excelentísimo señor conde de Fernandina

Departamento Occidental. Jurisdicción de Trinidad. Partido de Río de Ay

Ingenio Güinia de Soto, propiedad del señor don Justo Germán Cantero

A la extremidad Noroeste del rico y fértil valle de Trinidad o de San Luis y a distancia de unas 7 leguas de la ciudad, se halla la hacienda nombrada Güinia de Soto. En ella está situado el Ingenio del mismo nombre, de la propiedad del señor don Justo Germán Cantero; ingenio, sin duda, el de más importancia del renombrado valle, por la extensión de su territorio y campos de caña, por sus aparatos y por la hermosura de su fruto. Su producto es aproximadamente de 5.000 cajas de guarapo de primera extracción, y el cómputo de 600 de mascabado[14] de miel.

Linda por el Sur con los Ingenios las Lajas y la Sacra Familia, del excelentísimo señor don Juan A. Fernández, al Este con el Ingenio San Francisco del referido señor Cantero, y al Oeste y Norte con diversos sitios o potreros. No podríamos decir a punto fijo el número de caballerías de tierra que lo constituyen, pero sí podemos asegurar que recorre una distancia a lo menos de 3 leguas de largo y 2 de ancho, incluyendo las dilatadas lomas que conducen al potrero Limones, del mismo dueño. Por los terrenos de este ingenio extiende su lecho el caudaloso Agabama, que tiene su cuna en las escarpadas serranías de Güinia de Miranda. Varios afluentes van acrecentando el caudal de este río, que más adelante cambia su nombre por el de Manatí, y por él manda Güinia sus frutos al puerto de Casilda, distando el embarcadero, del

14 Mascabado: Azúcar de caña de segunda producción. Azúcar que se envasa junto con su melaza. (N. del E.)

ingenio, próximas 3 leguas del no mejor camino; pero, esa distancia la reducirá a casi completa nulidad el ramal del proyectado ferrocarril de Trinidad a Sancti Spiritus, ramal que partiendo desde las inmediaciones del paso real, irá a morir a Güinia, o muy cercano de sus lindes.

La naturaleza se muestra en estos contornos en toda su agreste majestad, brindando ancho campo a la imaginación del poeta; pero la índole de este libro y la circunstancia de representar una parte activa en él el dueño de esta finca que nos ocupa, ponen en este momento grillos a la pluma y freno a la fantasía. Con todo, diremos que Güinia, desde la lometa de Mayaguara, presenta un panorama espléndido y encantador en alto grado. Con dificultad se encontrará otro ingenio situado en paraje más ameno; esos dilatados cañares de verde esmeralda brotando en moradas espigas; esas ondulantes y sombrías cañadas cubiertas de perenne verdor; esa elevada cadena de montañas que sirve de límite jurisdiccional a Trinidad y Villa Clara y que pretende escalar el cielo; esos dilatados palmares con sus rizados penachos y sus racimos de oro; esos espesos bosques de cedros y otras mil ricas maderas, que por multiplicados años darán alimento a las devoradoras bocas de fuego de éste y otros ingenios de su dueño; el viento que sordo agita las copas de los árboles en esas agrestes serranías; el canto de las aves en la espesura que se confunde con el murmurar del río, que en transparentes cristales salta y rueda de peña en peña, y esas espesas y negras bocanadas de humo y condensado vapor, que por medio de las macizas torres de la casa de calderas lanzan al espacio esos candentes monstruos de fuego y que presto las arrebata el aire en torcidos espirales, cosas son todas dignas de la entusiasta contemplación de un Salvador Rosa y de la fantasiosa imaginación de un poeta de rica vena.

En 1825, el territorio de este ingenio era todo montuoso, en cuya época por conveniencias particulares, el señor don Pedro Iznaga, su dueño, lo concedió al excelentísimo señor don Félix, su hermano, el cual empezó a fomentarlo en 1828, pasando a la propiedad del señor don Justo Germán Cantero en 1841.

Sus siembras en la mayor parte son de caña blanca o de Otahití, de cinta y cristalina, que ocupan sobre 45 caballerías, y su dotación consta de 400 esclavos. Anexo al referido ingenio se halla un potrero de crianza que llaman el sitio, que por todo el año abastece de carne fresca a toda la dotación, dando un sobrante considerable que consumen los demás ingenios del mismo dueño.

Las construcciones de Güinia son buenas. La casa de calderas tiene 110 varas de largo; es espaciosa y ventilada y se recomienda por su aseo particular, tanto como la de purga que es toda de mampostería, formando una grande escuadra y tiene lugar para 15.000 furos y cuarenta gavetas de secar. Su horconadura es de quiebra hacha, fuerte y buena. Un camino de hierro conduce a su seno la tarea de la casa de calderas, otro las cajas llenas al cargadero de las carretas. Contiene además una pequeña maquinita de vapor para romper el azúcar, mejora que solo se halla establecida en éste y otros ingenios del señor Cantero, al menos que nosotros sepamos.

A la derecha de la lámina se ve la enfermería que es bastante buena; a lo lejos la casa de vivienda de escasas dimensiones; detrás de esta, una buena carpintería; a la izquierda la habitación del mayoral, enseguida los ranchos de los negros, sólidos, de mampostería y teja, y a corta distancia una muy capaz represa que contiene las aguas de un arroyo que suministra las que se necesitan para la máquina, la casa de purga y otras dependencias.

Habiendo encargado el señor Cantero en 1842 a París el aparato de los señores Derosne y Cail, vino en persona el señor Derosne a colocarlo. Con este motivo se hicieron en Güinia en la zafra de 1843 toda clase de ensayos y experimentos por el mismo fabricante del aparato, quedando del todo corriente, con resultado de un esmerado fruto en la segunda zafra.

Este es el único ingenio de esta jurisdicción donde se halla el mencionado aparato completo. Contemporáneamente se establecieron éste y el de la Flor de Cuba, del señor don Joaquín Arrieta, siendo los primeros que se introdujeron en el país, si exceptuamos el de menos importancia que estableció anteriormente el señor de Villa Urrutia en su ingenio.

Consta el tren de un molino inglés de Fawcett Preston and Co., de la fuerza de 25 caballos, de cuatro calderas que representan la fuerza de 190 caballos de vapor, de ocho defecadoras de la capacidad de 15 hectolitros o sean 375 galones, de catorce filtros de 2.800 libras de carbón animal cada uno, de cinco condensadores de 1.426 pies de superficie evaporadora, con la bomba de aire correspondiente y de dos tachos al vacío que pueden dar sobre 75 panes por templa. El año de 1852 se puso una paila de culebra de aire libre para descachazar nuevamente las meladuras que por medio de un montejus se conducen a los filtros por segunda vez. Patente es el beneficio de esta paila, pues dando mayor grado de limpieza a las meladuras, llegan éstas a los filtros más clarificadas, dejando menos impurezas adheridas al carbón. En el mismo año se colocó también un tercer tacho al vacío a columna de inyección (con su tanque de agua); y aunque está consagrado al cocimiento de las mieles, se halla colocado de manera que pueda cocerse en él, cuando se quiera, guarapo de primera extracción.

En 1852 se colocaron cuatro centrífugas de la casa de Cail de París, que dan un resultado superior en comparación con las de Finzel de Londres. Se abandonaron sucesivamente el horno y los cilindros primitivos; se lava el carbón animal por medio del lavadero de hélice de Cail y se revivifica en el horno de Merrick and Son de Filadelfia.

Una portada de gusto con su puerta de hierro, sirve de entrada principal al ingenio.

Ingenio Güinia, propiedad del señor don Justo Germán Cantero

Departamento Occidental. Jurisdicción de Trinidad. Partido de Río de Ay

Ingenio Buenavista, propiedad del señor don Justo Germán Cantero

Este ingenio situado en el Valle de San Luis, 2 leguas distante de la ciudad de Trinidad, ocupa una área de 36 caballerías sembradas de caña; sus terrenos de superior calidad constan en su mayor parte de tierra negra con fondo de barro amarillo manteniéndose siempre los mismos en lo que abrazan de las haciendas Callujus, Destiladeros y Manacanacun. La indicada finca está rodeada por los ingenios Manaca Iznaga, Aracas de Altunaga y de Marín, los destiladeros de Palacios y el pan de azúcar de Malibrán. Comenzó a fomentarlo el señor don Manuel Fernández de Laza, administrador de Renta Reales que fue de Trinidad y lo adquirió por fallecimiento suyo el señor don Pedro Malibrán, que lo aumentó hasta ponerlo en el estado en que hoy se encuentra, para pasar enseguida a su hijo don Carlos de quien lo hubo el señor don Justo G. Cantero, su actual propietario el cual ha llevado a cabo en él todas las mejoras que ha considerado útiles.

El ingenio que nos ocupa por su situación ofrece los más bellos puntos de vista cuando desde su casa de vivienda, que domina todo el valle, se contemplan las haciendas de que se halla circundado. Esta circunstancia ha dado origen sin duda al nombre que lleva. Dicha casa de vivienda, quizá una de las más elegantes de la Isla, ocupa la parte más alta de un terreno elevado y de cómoda subida; construida de gruesa mampostería así en el cuerpo inferior como en los torreones que coronan sus ángulos, ofrece en el interior espaciosas habitaciones, cuartos para la servidumbre, y un salón de recreo, mientras que exteriormente rodéanla jardines circulares escalonados formando anfiteatro y provistos de agua para el riego que suministra una bomba capaz de elevarla a la altura necesaria. Todas las demás fábricas son también de mampostería, techadas de teja y tan notables por su solidez, que sin temor de incurrir en exageración puede asegurarse sería muy difícil conseguir hoy maderas de clase igual a la de las que en su construcción se han empleado.

La casa de calderas y de ingenio tiene 80 varas de largo y 35 de ancho; la máquina de vapor que en el interior funciona, de la fábrica de Secor y Comp. de New York, es de fuerza de 35 caballos. Actualmente se está agregando a la caldera de vapor un calentador, invención de don Guillermo Madeley con el objeto de elevar el agua a 212° Farenheit por medio del vapor prendido de la máquina, lo que se espera produzca el ahorro de una tercera parte del combustible. La casa de calderas está montada al uso ordinario de los ingenios, es decir con cuatro trenes jamaiquinos de la mejor construcción y con mucha comodidad para el trabajo por su repartimiento; comunica con la casa de purga por medio de un ferrocarril que hallándose más elevado que el suelo de dicha casa recibe de ambos lados del edificio el azúcar por medio de un aparato capaz de levantar un carro con doce panes.

La casa de purga es un perfecto cuadro de 70 varas y está provista exteriormente de claraboyas y fábricas interiores de proporcionada corriente que impiden la comunicación del aire sumamente perjudicial para la purga. Hállase dividida en dos partes y tiene un gran patio destinado a las gavetas de secar con muelles en los frentes para el atraque de las carretas de carga, además de un almacén en el fondo con una sola portada al frente, y dos habitaciones altas en los costados. 11.000 son los furos que encierra y es digna de mencionarse una maquinita de vapor de fuerza de un caballo de que ya se ha hecho mención al hablar del ingenio Güinia, destinada a triturar azúcar y capaz de moler 600 panes trabajando cuatro horas al día. Esta máquina es sumamente útil porque evita que seis negros cuando menos se ocupen en el trabajo fuerte de las palas y porque estos no tienen que recurrir al desaseado medio de pisarlo con los pies.

Además hay el tejar con 60 varas de largo y 26 de ancho provisto de una división para la carpintería; la habitación de los negros, situada en terreno alto y seco, sumamente aseada y cómoda y de capacidad suficiente para mayor dotación y la enfermería, que si bien no corresponde por su construcción a la suntuosidad de los demás edificios de la finca, es cómoda, ventilada, bien distribuida, haciéndose notable por la extremada limpieza que en ella se observa.

En el ingenio que nos ocupa existe un hermoso y abundante pozo cuyas aguas recibe un estanque de depósito, y además una represa que recogiendo las de un manantial que brota en una loma inmediata, puede suministrar mediante una cañería de 300 varas suficiente cantidad de líquido para satisfacer las necesidades de la máquina de vapor. En esta finca es donde por espacio de tres meses durante la zafra pasada, se han hecho los primeros ensayos de dos aparatos destinados a extender, virar y recoger el bagazo en todo el ámbito que abraza el batey. El resultado ha sido bajo todos conceptos satisfactorio y dichos aparatos movidos par una sola yunta de bueyes con un solo negro son suficientes, trabajando desde las ocho de la mañana hasta las cuatro de la tarde; para dar abasto a las fornallas en las veinticuatro horas, siendo muy dignas de atención las ventajas y economía de brazos que presentan, si consideramos que en un ingenio de 200 negros la mitad de este número se emplea por espacio de cinco horas en semejante trabajo por lo cual es de creer que no tarde en generalizarse un invento tan conveniente para la industria azucarera.

El ingenio Buenavista, prescindiendo de la valiosa zafra que anualmente produce a su propietario, es sin disputa el sitio más ameno del delicioso Valle de San Luis. Las personas que lo habitan tienen delante continuamente uno de esos magníficos paisajes cuyo solo aspecto basta para causar placer al ánimo más abatido. Contribuye a hacer más deliciosa aún aquella mansión el fresco ambiente que en ella se respira. El aspecto del Sol al aparecer majestuoso sobre las colinas desde las cuales baña con sus dorados rayos los campos de esmeralda cubiertos de la transparente niebla de la mañana, conmueve dulcemente el alma elevándola hasta el sublime Creador de tan espléndido cuadro.

Ingenio Buenavista, propiedad del señor don Justo Germán Cantero

Departamento Occidental. Jurisdicción de Trinidad. Partido del Río de Ay

Ingenio Manaca, propiedad de la señora doña Juana Hernández de Iznaga

El ingenio Manaca se halla situado casi en el centro del hermosísimo valle de Trinidad en el punto en que el río de Ay descendiendo de las montañas vecinas lo riegan y fertilizan, distando como 2 leguas de la ciudad que da nombre al valle. Fue fomentado por el señor don Alejo Iznaga; sus extensos terrenos lindan con los de los ingenios San José de la Cruz, Buenavista, Manaca Armenteros, Corojal y las Bocas, perteneciendo este último a la señora propietaria del que es objeto de la presente descripción.

Los terrenos del ingenio Manaca son reputados por los inteligentes como de los mejores de todo el valle. La mayor parte son bermejos y en algunos obtiene la caña una increíble altura. Puede decirse que la superficie es llana; sin embargo, nótanse en ella algunas desigualdades atravesadas por varios arroyos. El batey tiene una ligera subida por todos lados y la casa de vivienda domina a las demás construcciones.

En el año de 1841 ascendió su zafra a 5.600 cajas, resultado digno de atención si se tiene en cuenta que en la indicada época la producción era sumamente corta relativamente a la que hoy se consigue merced a las mejoras de todas clases introducidas en el cultivo de la caña y en la elaboración del azúcar de nuestra isla, y que los aparatos que se emplearon para moler la caña fueron los antiguos y pesados trapiches de bueyes. Pero como a la penetración de su dueño no pudo ocultarse las inmensas ventajas que ofrecían los molinos de vapor, estableció en 1852 una máquina horizontal. Está montado al uso ordinario de los ingenios, es decir con trenes jamaiquinos, rindiendo un fruto generalmente de muy buena calidad. Sus fábricas han sido construidas con el mayor orden y simetría. Las casas de pailas y de ingenio son espaciosas y la de purga contiene 13.000 furos y magníficos tanques. Muchas de las maderas admirables que sirvieron para la edificación de las fábricas fueron cortadas en los terrenos del ingenio mismo.

La enfermería es digna de servir de modelo tanto por su amplitud como por el buen orden que se advierte en la distribución de sus habitaciones interiores. Es asistida por un entendido facultativo residente en la finca y contiene una botica siempre bien provista de los medicamentos que puedan ser necesarios para los enfermos.

La casa de vivienda es un edificio de mucha capacidad y su frente se halla hermoseado por bonitas arquerías. Las habitaciones de los negros son de mampostería y teja formando cuatro calles, y se componen de sala, comedor, aposento, recámara y un portal al frente de sus respectivas calles. Hay además almacenes de depósito, herrería, carpintería y grandes casas de bagazo y tejar.

Lo que más llama en este ingenio la atención es una torre de 180 pies de elevación que por su construcción elegante y bella es quizá la que merece ocupar el primer lugar en la isla; es toda de ladrillo y en los siete pisos que forman el cuerpo se distinguen hábilmente combinados varios órdenes de arquitectura. Desde la indicada torre puede gozar el observador de todas las bellezas que ofrece el pintoresco valle de Trinidad, pues la vista abraza sus extensas llanuras cubiertas de cañas y palmas, y las pendientes y cumbres de las altas lomas que la circundan.

Los trabajadores del ingenio Manaca reciben el más excelente trato. La comida es sana y abundante y en sus habitaciones se ha atendido tanto a la comodidad como a los buenos preceptos establecidos por la higiene. Créese que a estas ventajas y a las que dimanan de la localidad se deben los buenos resultados que bajo todos conceptos se notan.

En la próxima zafra funcionará un aparato de gas capaz de sostener un alumbrado diario de ochenta a cien luces, así como una máquina de vapor vertical construida en New York, en la gran fundición de Novelty Iron Works con arreglo a los descubrimientos modernos, estando arregladas sus válvulas como la de las mejores máquinas de los buques de vapor. Sus dimensiones son: cilindro de 5 pies y medio de golpe y 24 pulgadas de diámetro; voladora de 22 pies de diámetro; catalina de 24 pies de diámetro, siendo las masas del trapiche de 7 pies y 8 pulgadas de largo.

No se nos ha presentado aún la oportunidad de indicar la solidez y buena construcción de las máquinas de la antigua y justamente encomiada fábrica Fawcett Preston y Compañía de Liverpool; hay varias de ellas establecidas en los ingenios del Valle de Trinidad, y nos consta que existen todavía algunos en la isla que funcionan muy bien después de haber hecho más de veinte zafras.

El ingenio Manaca presenta el aspecto de un lindo pueblecillo y debe considerarse como uno de los más valiosos así por la hermosura y amplitud de sus fábricas, como por la inapreciable ventaja de poseer la señora propietaria alrededor de ellas 110 caballerías de tierra de superior calidad regadas por dos ríos y varios arroyos. La exportación de sus productos se verifica por el río Agabama en el que como a una legua de distancia tiene su embarcadero. El ferrocarril que se está construyendo pasará por la fábrica del ingenio.

Ingenio Manaca, propiedad de la señora doña Juana Hernández de Iznaga

Departamento Occidental. Jurisdicción de Cárdenas. Partido de Guamutas

Ingenio El Narciso, propiedad del señor conde de Peñalver

Este ingenio es uno de los primeros que se han fomentado en el valle de Banagüises; las hermosas zafras que han dado cuantos se han establecido en aquel terreno negro, han sugerido a los demás propietarios la idea de crear en él algunas de las grandes y magníficas fincas que tanto honor hacen a la Isla y que en tan alto grado representan el poder de las capitales y los brillantes resultados de la industria azucarera en este bello país cuando está confiada a hábiles y experimentadas manos, según los ejemplos que cada año nos lo demuestran. Hállase situado en el centro del valle de Banagüises en terrenos pertenecientes en su mayor parte al corral del Jique, mientras que los restantes correspondían anteriormente a Guamutas.

Como dichos terrenos se prolongan hasta el mismo Banagüises, el ingenio que nos ocupa goza de la ventaja de tener el ferrocarril que los recorre en una considerable extensión, de manera que el que se ha hecho construir partiendo del centro del batey y que va a entroncar con el de Cárdenas corriendo una extensión de media milla, proporciona la facilidad de poner la finca en comunicación con dicho ferrocarril por el cual se conducen los frutos prontamente al último punto en cualquiera época del año. Esta proximidad del camino de hierro es una ventaja en toda la isla, pero lo es mayor aún para los ingenios de Banagüises vista la inmensa dificultad que antes había en remitir los azúcares al mercado.

El ingenio Narciso linda por el Norte con el San Fernando, por el Noreste con El Progreso del señor marqués de Arcos, por el Este con La Concepción del señor conde de la Reunión, por el Sur con San Nicolás del mismo dueño y por el Oeste con el Álava del señor don Julián Zulueta y La Ponina de los señores Diago. El área que abraza es de 108 caballerías de tierra negra de la más superior que hay en el partido, si exceptuamos dos paños convertidos en sitios de viandas. Es muy pareja y llana, comprendiendo la parte sembrada toda ella de caña blanca una extensión de 40 caballerías. Fue fomentado en 1840 por el señor conde de Peñalver, padre del actual, e hizo su primera zafra en 1842 rindiendo un producto de 3.000 cajas que ha ido constantemente en aumento hasta el grado de esperarse dentro de poco uno que no baje de 10.000 cajas.

El batey es bellísimo y puede tener como una caballería de extensión. Todas las fábricas son de mampostería y teja conduciendo al centro de ellas una hermosa guardarraya de palmas de cocos. Por el número y disposición de sus construcciones aseméjase más bien a una aldea que a un ingenio. Figura en primera línea la casa de calderas construida en forma de T y situada en el centro del batey. Su forma es la común, es decir, que su parte más ancha, que mide unas 74 varas de largo, contiene cinco trenes jamaiquinos de cuatro pailas cada uno con su tanque frío. Hállanse colocados en un piso más elevado que el de la casa de ingenio y separados de esta última por una elegante reja de hierro. Además se colocó habrá unos tres años un aparato de cocer al vacío y de inyección construido en la fábrica de Neilson y Comp. de Glasgow. La casa de ingenio, situada perpendicularmente a los trenes mide 25 varas de ancho. Contiene un trapiche de fuerza de 25 caballos americanos de la fundición de West Point que ha reemplazado otro más pequeño insuficiente ya a consecuencia del sucesivo aumento que ha ido experimentando la finca, tres generadoras de la misma fábrica y tres conductores de bagazo. Los trenes están todos muy bien construidos y son sumamente veloces.

La casa de purga que comunica también por medio de un ferrocarril con la de calderas, es de forma cuadrada, de 80 varas de largo y otras tantas de ancho y contiene 16.000 furos. Como la mayor parte del azúcar que se elabora en este ingenio es blanco, existe el número de gavetas necesario para el efecto. Sin embargo, otro pequeño camino de hierro que termina en un almacén inmediato sirve para conducir a él, el moscabado que se hace. Dicho almacén mide 50 varas de ancho y 25 de largo. Debemos agregar a esto un secadero y una estufa al aire libre cuyas dimensiones no bajan de 60 varas de largo y 20 de ancho.

El barracón se halla situado frente a la casa de purga. Su construcción es algo ligera, pero el propietario se propone reedificarlo de manera que esté más en armonía con las demás construcciones. De 60 varas cuadradas de extensión, tiene su cocina interior, y la habitación del mayoral colocada en el primer piso. Mención particular merecen la casa de bagazo, que es de bellísimo aspecto y que además de estar cubierta de teja mide 60 varas de largo sobre 25 de ancho, y la de criollos, de piso de tablas, con su patio interior, así como la enfermería edificada en la parte posterior del batey y cuyas dimensiones no bajan de 50 varas de largo sobre 25 de ancho. Al lado se halla la habitación del administrador.

Por lo que hace a la casa de vivienda encuéntrase opuesta a la de ingenio con un gran jardín al frente y al lado, mientras que el tejar grande y bien construido está a un lado del batey.

Terminaremos esta reseña hablando de la represa que es toda de mampostería y muy sólida, y capaz de surtir del agua necesaria mediante una bomba movida por un caballo así la fábrica como todas las demás partes de la finca.

Ingenio El Narciso, propiedad del señor conde de Peñalver

Departamento Occidental. Jurisdicción de Cárdenas. Partido de Guamutas

Ingenio Purísima Concepción [a] Echeverría, propiedad de la señora doña Francisca Pedroso y Herrera

Hállase situado este ingenio en terrenos del hato de Guamutas casi en el centro de las magníficas fincas de su clase de Banagüise. Al Este linda con el ingenio Líbano de los herederos del señor don Alejandro Morales y al Oeste con el ingenio San Martín de que es también dueña la señora de Pedroso. Atraviesa sus terrenos el ferrocarril de Banagüise, hallándose como a una legua del paradero del mismo nombre. El referido ingenio tiene un chucho particular para el transporte de sus frutos.

Comenzó a fomentarse a principio del año de 1847 bajo la dirección del señor don Manuel Pedroso y Echeverría, y efectuó su primera zafra en 1851.

Su área es de 91 caballerías de tierra de la clase más superior, según lo demuestran sus magníficos montes de considerable altura, abundando en ellos hermosos cedros, caobas, majaguas, sabicues y otras maderas preciosas. El terreno es sumamente llano y se halla regado por un caudaloso arroyo cuyo curso dura la mayor parte del año y por otros que crecen en la estación de las lluvias. Su campo de caña es de 40 caballerías todas ellas en el mejor estado. La zafra del presente año no bajará de seis a 7.000 cajas de azúcar de guarapo.

El batey mide 20 cordeles por cada frente y las fábricas son de gran mérito. La casa de calderas y de ingenio es de elegante y sólida construcción. Todas sus maderas son escogidas y de las mejores que se conocen, tanto que la horconadura de dichas fábricas así como de la casa de calderas costó más de 10.000 $ sin incluir la labor. Tiene el edificio 380 pies de largo sobre 132 de ancho.

La máquina es grande y hermosa, vertical, con conductor de caña y de bagazo, de la fábrica de los señores MacOnie y Mirrlees de Glasgow, que tienen por agentes en esta ciudad a los señores Ross y Beanes. Su cilindro mide 18 pulgadas inglesas de diámetro y sus masas 6 pies ingleses sobre 30 pulgadas. Los trenes, jamaiquinos, constan de cinco enteros con sus correspondientes clarificadoras, a los cuales se va a agregar un sexto tren por no ser aquellos suficientes para el extenso campo que tiene actualmente la finca.

La casa de purga, toda de mampostería, debe calificarse de magnífica y de una de las mejores de la Isla, pues a su gran tamaño, reúne excelentes maderas, elegante construcción y mucha solidez. Tiene 480 pies de largo y 156 de ancho, con 20.000 furos en su interior además de sus caminos de hierro, 100 gavetas, dos grandes aventadores, dos espaciosas estufas de aire libre, seis tanques de depósito para las mieles, dos envasadoras, suficientes para dar avío cómodamente a 200 cajas diarias. En el centro del edificio y en el primer piso se encuentra la habitación del mayordomo, y en el segundo están las despensas de la finca. Pone en comunicación ambos edificios un ferrocarril cubierto y provisto de una balaustrada de hierro que proporciona seguridad a la par que belleza. Detrás de la casa de purga se hallan dos grandes pisos de barro con sus correspondientes carros para la conducción del barro a las hormas.

La enfermería sumamente aseada es espaciosa con bastante capacidad interior y dotada de las divisiones necesarias para las diferentes clases de enfermos a los cuales se asiste con notable esmero. El ingenio tiene médico con residencia fija en él, enfermero y un botiquín perfectamente surtido.

Las casas de bagazo son de teja y de maderas escogidas, de 80 varas de largo y con sus colgadizos alrededor.

La casa que sirve de carpintería es otro hermoso edificio en cuyo interior existe una máquina de aserrar maderas que ha sido muy útil en la preparación de las que han servido para la construcción de los edificios.

Componen la dotación del ingenio que nos ocupa 362 negros de ambos sexos y diferentes edades, y cincuenta asiáticos. Están muy bien tratados, siendo de primera calidad la abundante ración de tasajo, viandas y harina de maíz que se les distribuye en tres comidas diarias, a saber: dos de tasajo y harina y una de viandas.

Se está construyendo un magnífico barracón de 100 varas a cada viento para la dotación, por el mismo estilo que el de San Martín, todo de mampostería, con sus divisiones interiores y su cocina central.

Concluiremos diciendo que como este ingenio linda con el de San Martín y ambos pertenecen a la señora doña Francisca Pedroso y Herrera, se han puesto los bateyes de los dos en comunicación por medio de un ferrocarril de 2 millas de largo y construido de tal modo, que pueden estar y trabajar con absoluta independencia uno de otro. Por esta razón se ha dado principio recientemente en el de San Martín a la construcción de una hermosa casa de purga cuya suntuosidad guarda armonía con la de los demás edificios. Pero en el caso de que tal sea la voluntad de su dueño, pueden ser considerados como una sola finca, porque por el ferrocarril que une ambos bateyes es fácil transportar la caña de Echevería a fin de molerla y trabajarla en la gran fábrica de San Martín.

Unidas ambas fincas, pueden incluirse sin temor por el conjunto que forman en la categoría de los cuatro a cinco ingenios calificados de monstruos a causa de la enormidad de sus productos que han dado un impulso general a la explotación que todos aspiran a conseguir hoy. Por otra parte, recientemente montados han sufrido la influencia de las mejoras que constantemente se procura introducir especialmente en lo que concierne a las disposiciones arquitecturales; correspóndenos por tanto hacer justicia a la inteligente administración que ha dirigido tan magnífico conjunto.

Completaremos esta reseña presentando los números relativos a los pormenores, más expresivos que cuanto decirse puede; creemos que sin incurrir en ninguna exageración se debe calcular que el costo de ambos ingenios asciende a 1.600.000 $ una parte de los cuales ha sido invertida en la compra de los aparatos, como en la construcción de las fábricas y el resto del modo siguiente:

Caballerías de tierra	313	caballerías
Ídem sembradas de caña	100	id.
Dotación	989	esclavos
Boyada	420	yuntas

Ingenio Purísima Concepción (a) Echeverría, propiedad de la señora doña Francisca Pedroso y Herrera

Departamento Occidental. Jurisdicción de Cárdenas. Partido de Palmillas

Ingenio Santa Teresa (a) Agüica, propiedad del excelentísimo señor conde de Fernandina

Ubicado en la hacienda de Río de Piedras, partido de Palmillas, y a la distancia de media milla del paradero del ferrocarril, que se halla al Sur en terrenos del mismo ingenio. Esta finca reúne las ventajas de tener cuatro calidades de tierra, negra, mulata, bermeja y pedregosa.

Linda por el Norte con el ingenio Monserrate del excelentísimo señor conde de Santovenia, por el Sur con la hacienda Guareiras, por el Este con los ingenios La Serafina del señor marqués de Almendares, y La Conclusión de don Julio Marcel y don José Francisco Scull, y por el Oeste con el ingenio Santo Domingo del señor don Domingo García Capote. Fue fomentado por su dueño actual en el año 1847 y a los dieciocho meses hizo su primera zafra. Se compone de 88 caballerías, 221 cordeles de tierra: tiene hoy sobre 30 caballerías sembradas de caña blanca. Según tradiciones se cuenta que en el lugar que ocupa actualmente el batey de la finca, hubo un pueblo de indios llamado Agüica, cuyo nombre ha conservado hasta hoy.

El aspecto del terreno es enteramente llano, excepto por el Oeste donde empiezan algunas lomas. Al lado del ferrocarril y de las cañas del ingenio, hay un gran sitio de viandas para el consumo de la dotación. Las aguas que surten la finca provienen de una represa a distancia de 200 pasos del batey, la cual tiene su bomba de fuerza, y de varios pozos con sus bombas; además tiene al pie de la máquina un gran depósito de agua, de 60 pies de largo sobre 30 de ancho y 12 de profundidad, cuya agua es llamada por las bombas puestas en la misma máquina de moler.

Las construcciones de este ingenio son magníficas y se empezaron desde el principio en una escala gigantesca. El lugar ocupado por el batey, es un cuadro de 1.25 caballería de tierra sobre el cual se distribuyeron las varias fábricas del ingenio, casa de calderas, de purga, de bagazo, barracón, sierra de vapor, enfermería y casa de vivienda.

La casa de calderas es de una construcción muy elegante y sólida; sus horcones y soleras perfectamente labrados y de madera escogida. La mayor parte de la horconadura principal costó a razón de 6 onzas cada horcón. Tiene de largo 120 varas y 50 de ancho, y en cada lado de dicha casa hay veinte ventanas y al fondo once, cuya abertura es semicircular.

El molino y la máquina horizontal, de la fuerza de 45 caballos, son americanos de la fundición de Kemble en West Point, lo mismo que las seis calderas de vapor que representan la fuerza de 200 caballos, cuyo asiento al nivel del suelo y la baranda que las rodea, presenta una simetría e igualdad agradables al golpe de vista; tiene además un conductor de bagazo de 30 varas. Enseguida viene el tren que es de vapor y de aire libre. Este aparato es de los que llaman de simple efecto, a causa de que la cantidad de vapor producida por las generadoras no puede evaporar sino la misma cantidad del agua contenida en el guarapo al estado de ebullición; de consiguiente, lejos de producir con respecto a los trenes jamaiquinos una economía de combustible, tiene al contrario un aumento de gasto muy notable, por lo cual ha determinado el dueño de la finca cambiar el presente año su aparato para poner uno de triple efecto. Como muchas personas no están enteradas de esta clase de aparatos de aire libre, trataremos de dar una corta explicación.

Todo el tren está arreglado por escalones. Un montejus hace subir el guarapo del molino a las clarificadoras. En la parte más elevada hay ocho de las referidas clarificadoras de Derosne, de 350 galones cada una; corre el guarapo clarificado a un depósito más abajo, que comunica con ocho calderas con culebra y de aire libre, en las cuales se hace la evaporación a 25°; el tiempo que necesita esta operación es poco más o menos de media hora; corre después el sirope o meladura a dos otras calderas colocadas en el piso bajo, la capacidad de estas es tres veces mayor que las de las calderas de aire libre; sirven para descachazar los siropes y se mandan después por medio de un montejus a un depósito largo, para pasar al depósito encima de los condensadores de donde lo aspiran luego los dos tachos al vacío. Uno de ellos es de Derosne y el otro americano, de la fábrica de Benson and Day de Brooklyn. Cada tacho tiene dos condensadores y su bomba de aire; los dos están colocados en el centro de la casa de calderas y sobre un piso elevado de madera, tienen todo alrededor una baranda de hierro colado con dos escaleras, y debajo están las resfriaderas que reciben el azúcar que se lleva al tinglado en hormas todas de hierro. El tinglado es de unas dimensiones muy grandes, siguiendo la misma dirección longitudinal de la referida casa de calderas que tiene 11.776 furos. Al lado de los condensadores se pusieron dos centrífugas de Derosne con su maquinita de vapor separada, y doce gavetas de hierro para recibir el azúcar de las mieles.

Un camino de hierro, cubierto con un techo y adornado con una baranda, pone en comunicación la casa de calderas con la de purga. Esta última es magnífica, pero tan grande que todavía no se ha concluido; sin embargo la mitad contiene ya 8.500 furos, lo que dará un total cuando esté acabada, de 17.000 furos. Con ventanas semicirculares por el mismo estilo que la casa de calderas y una horconadura preciosa, esta casa de purga más se asemeja a un palacio que a una construcción de ingenio. Una puerta, muy elevada y adornada, en el centro del edificio sirve de entrada principal; debajo están los almacenes, envasadero y estufa. Detrás de la casa de purga hay la pisa; encima se ha practicado un camino de hierro para botar el barro inservible. El largo de la casa es de 174 varas sobre 45 de ancho.

El barracón que se está concluyendo es todo de mampostería y tiene 100 varas a cada viento; en el centro la cocina de los negros, y al medio una gran entrada con su puerta de hierro, y la habitación del mayoral arriba. Este barracón tiene diecinueve cuartos de cada lado, y es también digno de las demás construcciones. Detrás de la casa de calderas están las tres casas de bagazo. En uno de los costados del batey hay la carpintería que es muy buena, con su sierra de vapor. No hablaremos de la casa de vivienda en razón a que se debe muy pronto construir una nueva. La producción de este Ingenio es de 5 a 6.000 cajas de primera extracción.

El aparato de gas, puesto en el año de 1853, funciona perfectamente y alumbra todas las casas del ingenio y hay varias linternas en el batey y el trapiche. En el centro hay un palomar con un tanque para dar agua a la boyada.

La organización de este magnífico ingenio respira a la vez en su conjunto, mucho gusto, lujo y grandeza.

Ingenio Santa Teresa (a) Agüica, propiedad del excelentísimo señor conde de Fernandina

Departamento Occidental. Jurisdicción de Cárdenas. Partido de Guamutas

Ingenio Tinguaro, propiedad del señor don Francisco Diago

Hállase ubicado este ingenio en las haciendas Artemisal y Laguna Grande, junto al paradero de Tinguaro del ferrocarril de Cárdenas, con la particularidad de tener en sus mismas tierras el paradero de Laguna Grande, perteneciente al ferrocarril del Júcaro. Por el Norte y Oeste linda con terrenos del señor don Pedro Diago, en que se ha establecido el ingenio Santa Helena; por el Este con el ingenio Flor de Cuba, y por el Sur con el ingenio San José, del señor García Capote. Su área es de 56 caballerías, de las cuales 40 están sembradas de caña de Otahití, sin incluir un gran potrero y sitio de viandas situados cerca de la misma finca. El terreno es llano en toda su extensión, de tierra negra, ocupando su batey como caballería y media. Comenzó a fomentarlo su dueño actual en el año de 1839 y verificó su primera molienda en 1841. Su producción varía entre 7 y 8.000 cajas de ambas clases.

Como se ve, este ingenio es nuevo, y su propietario no ha podido todavía llevar a cabo en él todas las mejoras que tiene en proyecto, a pesar de hallarse montado bajo un pie sumamente satisfactorio. Fácil es advertir desde luego en el conjunto mucho gusto y muy buenas disposiciones y esmero en el cultivo de la caña. Cuatro guardarrayas diagonales atraviesan el terreno, y la proximidad de los ferrocarriles facilita en gran manera el tiro del fruto.

En la casa de calderas se ha establecido un tren mixto, haciéndose la meladura en tres trenes comunes jamaiquinos, de los cuales pasa para ser filtrada a ocho grandes filtros de

7.000 libras de carbón animal, dándosele punto finalmente en un aparato al vacío, de la invención de Mr. Dod. El azúcar que por este medio se obtiene es de excelente calidad y el surtido muy bueno, en la proporción de 50 a 60 % de blanco y el resto de quebrado, sin ningún cucurucho. Los segundos productos se purgan en un juego de seis centrífugas movidas por una máquina de vapor inglesa. El aparato al vacío y la bomba de aire están colocados en un piso alto de madera, desde el cual se pueden ver todas las operaciones de la casa de calderas. Hay dos máquinas de moler, de las cuales una es de West Point; cuéntanse también dos hornos para revivificar el carbón animal, de fuego continuo, con cuarenta retortas cada una, de la invención de Merrick and Son.

Debemos ocuparnos ahora de una mejora sumamente importante para los ingenios que tienen trenes al vacío, y que por su sencillez merece llamar la atención de los hacendados, algunos de los cuales, según tenemos entendido, se disponen ya a establecerla en sus fincas. Mucho tiempo hace que el señor don Norberto Rillieux ha empleado el *cooling-room* en enfriar la misma agua que sirve para la condensación, pero a costa de grandes gastos, pues hacía necesaria la construcción de una torre alta para poner en ella el ventilador destinado a refrescar constantemente el agua, y como el aparato al vacío que más arriba hemos mencionado es de inyección y que en esta finca no hay abundancia de agua, se emplea al efecto la de condensación de la caña, que se enfría con mucha facilidad en una armadura compuesta de diferentes pisos y formada de caña de Castilla, por donde corre el agua a manera de lluvia; de modo que cuando llega al tanque que está debajo tiene una temperatura de 85 a 95° Farenheit, sin necesidad de otro elemento refrigerante que la corriente de aire natural. De lo dicho se infiere que una misma cantidad de agua sirve constantemente, sin que sea necesario reemplazar más que la poca porción que se pierde por la evaporación. Este sistema se ha ensayado por primera vez en el ingenio que nos ocupa y ha dado los más satisfactorios resultados, pues no obstante la insuficiencia de las bombas neumáticas, se consigue un vacío de 22 a 23 pulgadas.

La casa de purga es de las comunes y contiene 11.000 furos; en ella hay un aparato de subir el barro y distribuirlo a todo el edificio, mediante ferrocarriles adecuados, lo que proporciona grande economía de brazos y de tiempo. Existe también dentro de dicha casa una estufa al aire libre destinada a secar el azúcar.

La finca, además de lo que hemos dicho, tiene dos magníficas represas divididas entre sí por un puente que sirve de carretera, y ellas son las que surten de agua a todo el ingenio por medio de una cañería alimentada por una bomba que los bueyes ponen en movimiento.

Un barracón de forma cuadrilonga sombreado por frondosas cañas bravas sirve de alojamiento a los esclavos, mientras que los chinos ocupan otro edificio separado. No necesitamos decir que hay en la finca todas las demás fábricas indispensables, como almacenes, carpintería, cocina, etc., de los cuales no hablamos en particular por no ofrecer nada que las distinga de las de los demás ingenios.

Concluiremos, pues, llamando la atención sobre la casa de vivienda, que es la que en primer término se divisa en la lámina, la cual, aunque no de grandes dimensiones, se halla embellecida por un jardín muy bien cuidado y por una huerta muy hermosa, demostrando ambos el buen gusto del dueño de la finca.

Ingenio Tinguaro, propiedad del señor don Francisco Diago

Planos

Plano de las fábricas del Ingenio San Martín, propiedad de la señora doña Francisca Pedroso y Herrera

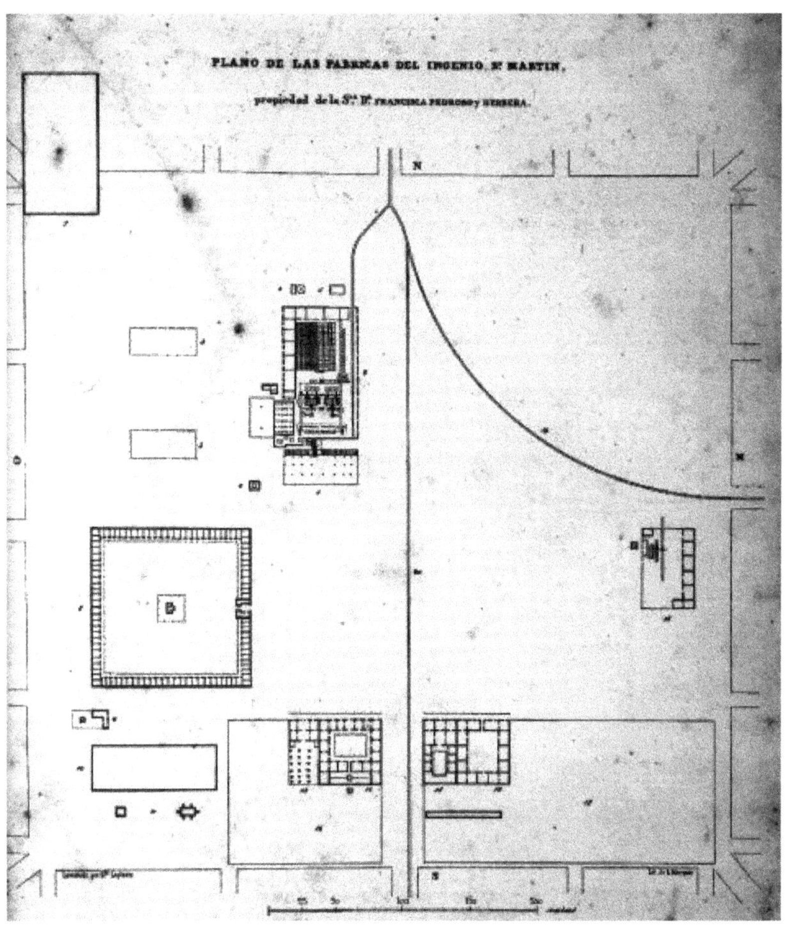

1. Casa de ingenio
2. Casa de calderas
3. Casas de bagazo
4. Gasómetro
5. Depósito de agua
6. Torre
7. Represa de mampostería
8. Barracón
9. Casa del mayoral
10. Tejar
11. Hornos de cal y ladrillos
12. Huerta
13. Casa de vivienda
14. Enfermería
15. Casa del administrador
16. Ídem de criollos
17. Corral de bueyes
18. Carpintería
19. Carril del ingenio Echevarría
20. Ídem del chucho

Plano de las fábricas del Ingenio Ponina, propiedad de don Fernando Diago

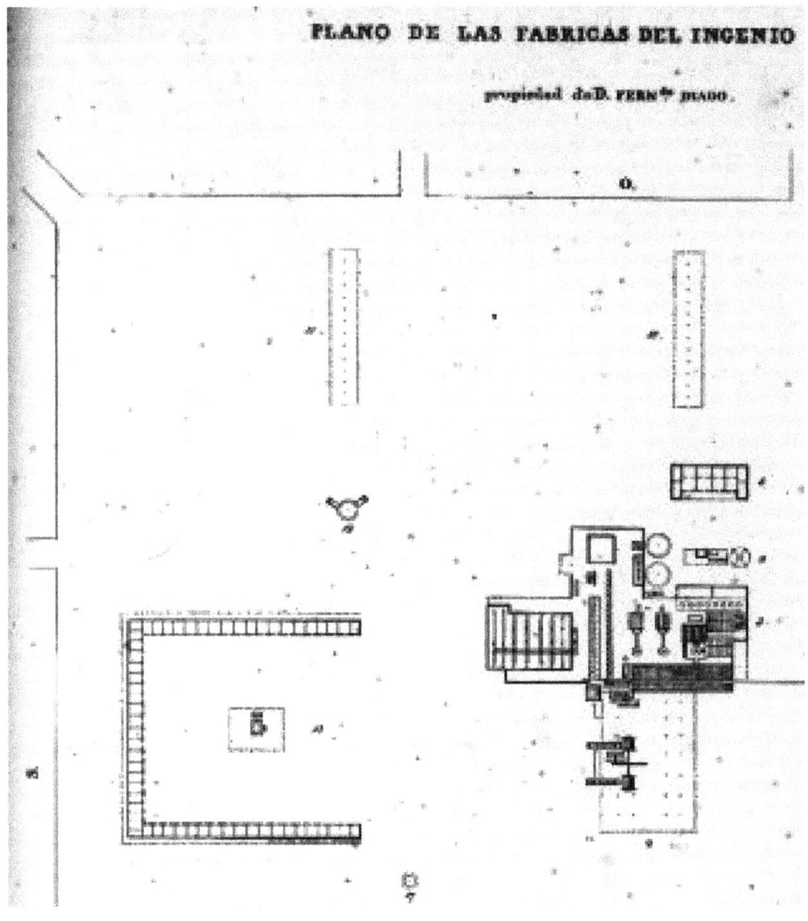

1. Batey de 470 varas
2. Casa de ingenio
3. Ídem de calderas
8. Casa del maquinista y maestro de azúcar
9. Gasómetro
10. Barracón de los chinos
15. Enfermería
16. Casa de vivienda
17. Campanario

4. Ídem de purga
5. Tejar
6. Horno de ladrillos
7. Carpintería
11. Casas de bagazo
12. Horno de cal
13. Barracón de los negros
14. Casa del administrador
18. Corral de los bueyes
19. Depósito de agua
20. Conejera

Plano de las fábricas del Ingenio Flor de Cuba, propiedad de los señores Arrieta

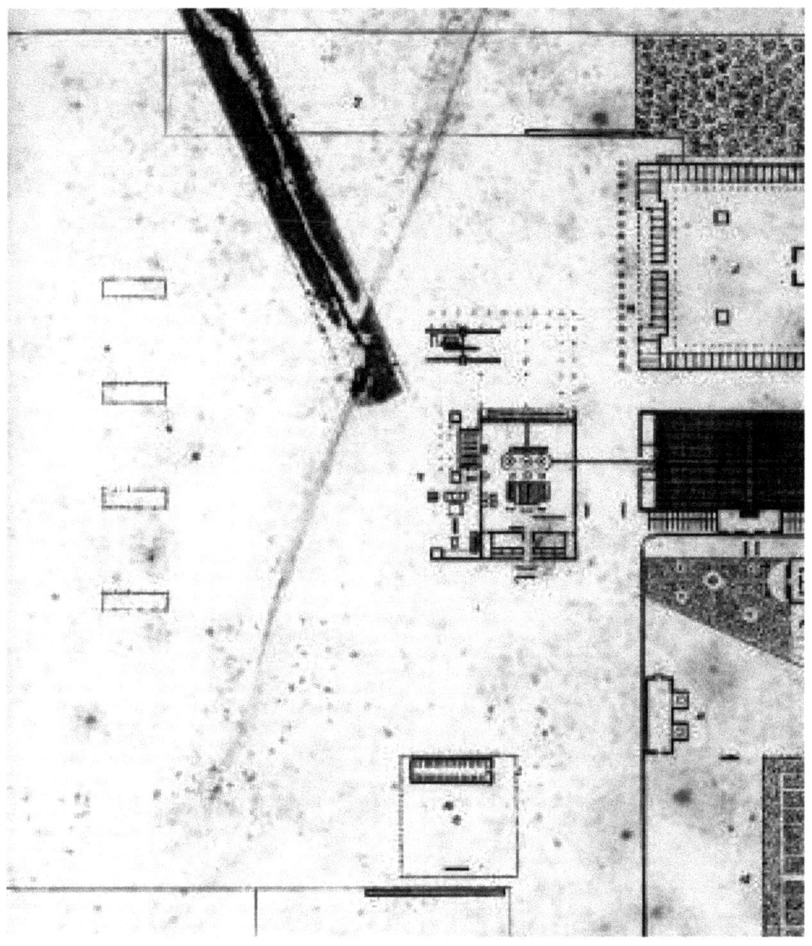

1. Casa de ingenio
2. Casa de calderas

8. Arboleda
9. Casas de bagazo

15. Huerta
16. Alambique

3. Casas de purga
4. Pisa de barro
5. Barracón
6. Corral de cochinos
7. Corral de bueyes
10. Casa de vivienda
11. Estufa
12. Caballeriza
13. Carpintería
14. Jardín
17. Tanques de alambique
18. Almacén de deposito de alambique
19. Represa
20. Corral nuevo de bueyes
21. Arboledas de naranjos

Plano de las fábricas del Ingenio Armonía, propiedad de los señores don Miguel de Aldama y don José Luis Alfonso

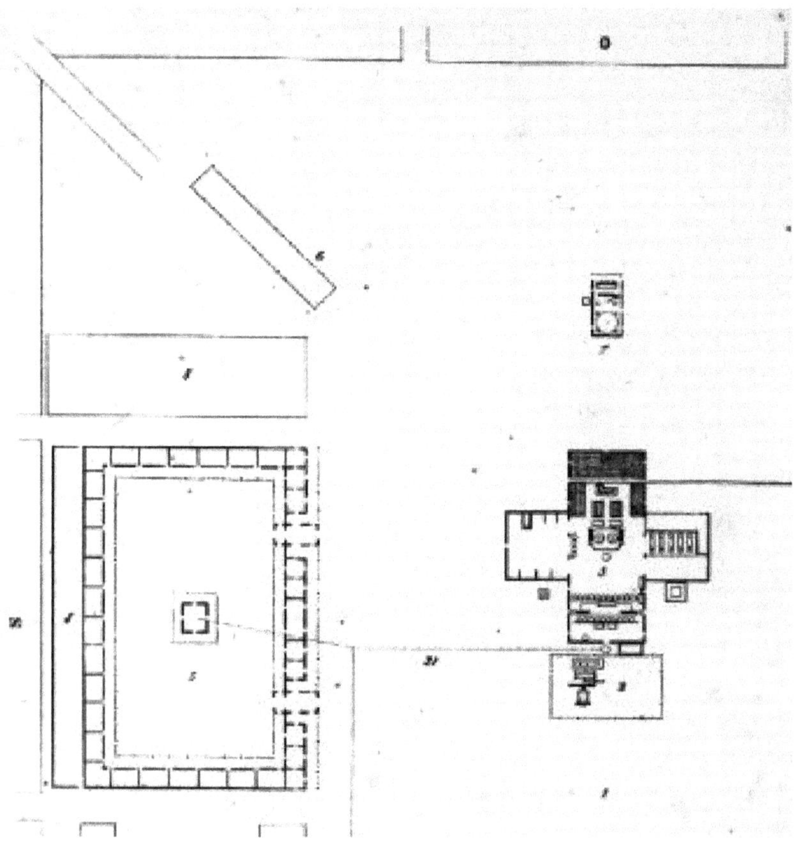

1. Batey de 420 v.s a cada viento	8. Corral de los chiqueros	15. Carpintería y sierra da vapor
2. Casa de Ingenio	9. Depósito de carretas y almacén de maderas	16. Casa de tejar
3. Casa de calderas	10. Casa de criollos	17. Estufa y almacén
4. Casa de purga	11. Enfermería	18. Tanque de miel y pisa de barro
5. Barracón con su cocina interior	12. Jardín	19. Hornos
6. Casas de bagazo	13. Casa de vivienda	20. Corral de la caballeriza y casa de maíz
7. Gasómetro	14. Huerta	21. Cañería

Plano de la casa de calderas del Ingenio Santa Susana, propiedad del excelentísimo señor don Antonio Parejo

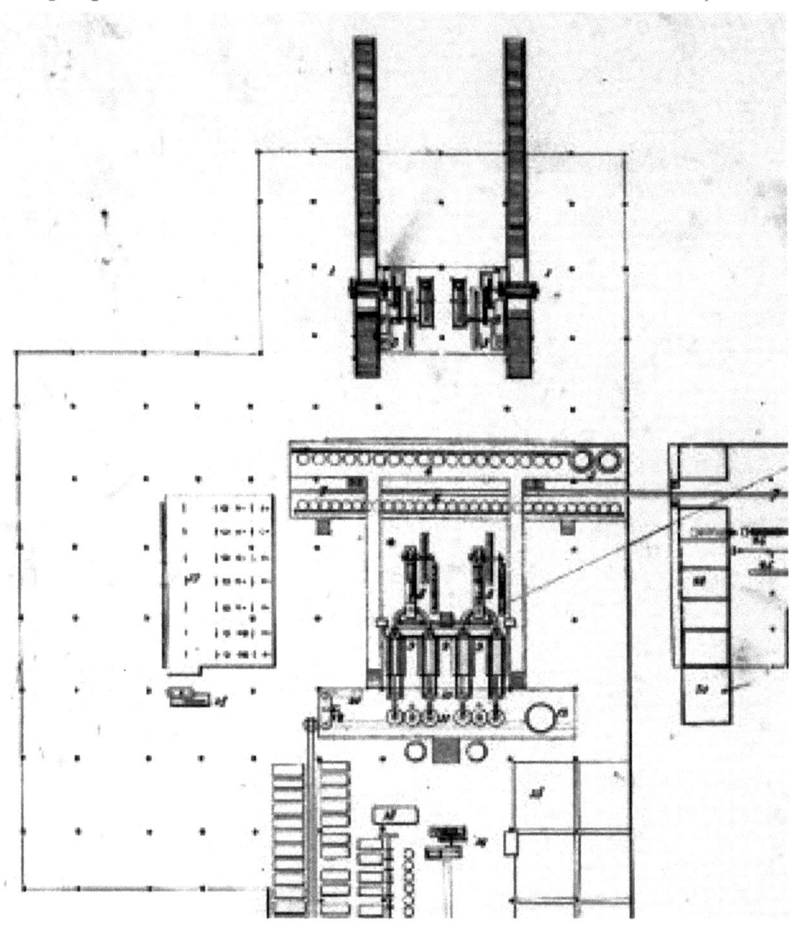

1. Mazas del trapiche
2. Tanque para recibir el guarapo

11. Seis aparatos tubulares
12. Aparato grande tubular

21. Torre
22. Almacén

3. Montejus
4. Dieciocho defecadoras
5. Dos tachos para espumar
6. Treinta filtros
7. Ferrocarril del carbón
8. Bombas de aire para guarapo y agua
9. Condensadores
10. Columnas de inyección
13. Depósito de miel de las centrífugas
14. Veinticuatro centrífugas
15. Diez tanques de miel
16. Máquina de las centrífugas
17. Siete generadoras
18. Máquina de alimentación de las generadoras
19. Recipiente de los retornos de agua de los aparatos
20. Recipiente general de los retornos de vapor
23. Gasómetro
24. Lavadero de carbón y torno
25. Cadena con cubos para elevar el carbón
26. Hornos de revivificar
27. Sierra de vapor
28. Habitaciones para los empleados
29. Herrería
30. Calderería

Plano de la casa de calderas del Ingenio Amistad, con fuerza motriz hidráulica, propiedad del señor don Joaquín de Ayestarán

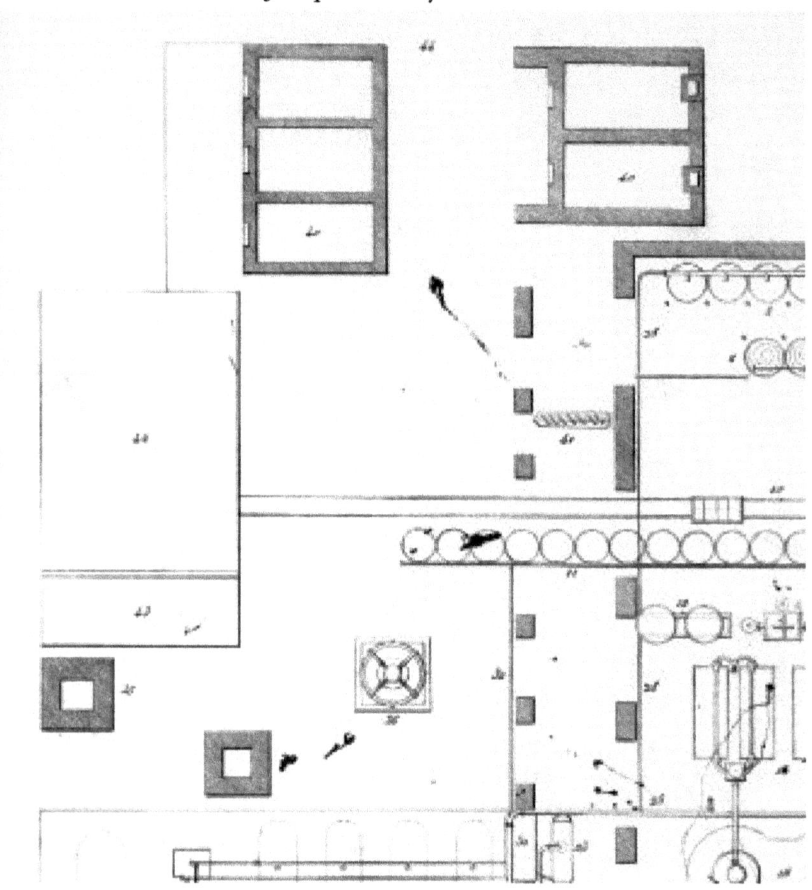

1. Zanja de mampostería de 240 varas de largo

2. Ancho de ídem, en toda su longitud, 3.5 varas. Cañón de agua, a su caída, 3 varas 8 pulgadas

3. Molino o trapiche de mazas horizontales

4. Rueda hidráulica—Diámetro 8 vs. 18 pulgadas. Diez divisiones con 6 cubos en cada división

5. Cinco defecadoras de Derosne

6. Dos pailas de culebra para descachazar las meladuras

7. Montejus de vapor para subir el guarapo en las defecadoras

8. Tanque de agua fría

9. Escaleras de las defecadoras y molino

10. Camino de hierro de los filtros

11. Trece filtros de carbón animal

12. Depósito para mandar la meladura a las dos pailas de descachazar

13. Montejus para mandar las meladuras al depósito

14. Bomba de aire del aparato Derosne

15. Cuatro condensadores

16. Dos tachos al vacío

17. Refriadera de los dos tachos de Derosne

18. Tacho del sistema Dod con su escalera

19. Depósito de meladuras y miel en que aspira el tacho Dod

20. Columna de inyección del aparato Dod

21. Máquina de bomba de aire del mismo sistema

22. Tubo de vacío del aparato Dod

23. Depósito general para recibir las vueltas de vapor de los varios aparatos

24. Tubo de vapor para el servicio del aparato Dod

25. Tubo general de vapor de alimentación

26. Tubo de vapor directo para el aparato Dod

27. Tubo de vapor para la máquina de las centrífugas.

28. Tubo de vapor directo para las defecadoras

30. Tubo de vapor condensado con dirección al depósito de agua de alimentación de las generadoras

31. Depósito de agua para las generadoras

32. Tubo de agua para los filtros

33. Cuatro calderas generadoras da la fuerza de 30 caballos

34. Dos generadoras de la fuerza de 40 a 50 caballos

35. Torres de las calderas

36. Centrífuga para purgar panes enteros

37. Diez centrífugas de Derosne

38. Máquina de vapor de las centrífugas, de 6 caballos

39. Cargadero de los bocoyes y pesa

40. Hornos para revivificar el carbón animal

41. Lavadero de hélice de Cail

42. Herrería y torno

43. Almacén de herrería

29. Vueltas de vapor de la máquina de las centrífugas

44. Sitio del aparato de gas

Combinado con trenes jamaiquinos y tacho al vacío por don Daniel Ducrey

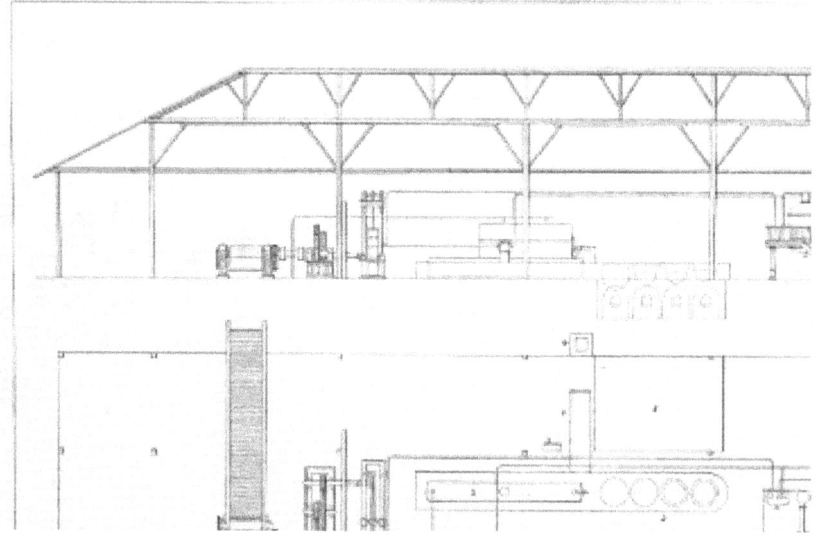

1. Máquina de moler con su trapiche

1'. Transmisión de movimiento por dos catalinas de segmento

2 2'. Tanque de recibir guarapo con su montejus.

3. Calderas de vapor funcionando con el calor perdido de los trenes de Jamaica

10. Tacho tubular

4. Tanques fríos para alimentar los trenes

6. Clarificadoras

7. Boca de fornalla

8. Depósito de bagazo

9. Torres

16. Tinglado para hormas

12. Recipiente de todos los escapes de vapor

13. Aparato de bomba de aire y de alimentación

14. Centrífugas

15. Gavetas

11. Condensador de inyección

5. Trenes de Jamaica

17. Camino de hierro

Aparato tubular vertical de triple efecto de los señores Derosne y Cail, puesto en el Ingenio Álava del señor don Julián Zulueta

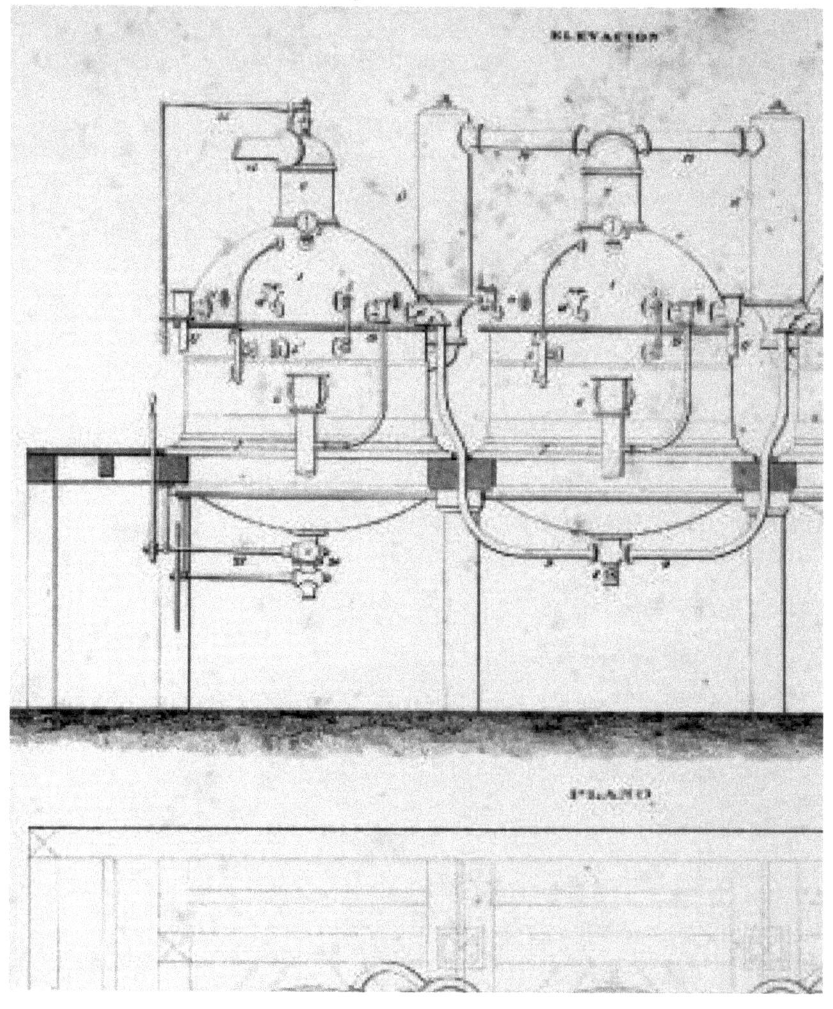

1. Aparato

2. Cúpula de aparato

3. Barómetro sistema Bourdon

4. Aparato de prueba-4.' Llave de prueba

5. Nivel de guarapo de cristal

6. Tubo de vapor directo del aparato

7. Zócalo del aparato

8. Llave de dos platillos para comunicar al n.° 2 y 3

9. Tubo para alimentar los tachos 2 y 3

10. Llave de aire

11. Vidrio

12. Tubo de comunicación de vapor a los tachos 2 y 3

13. Vaso de seguridad de los tachos 2 y 3

14. Tubo de comunicación a los condensadores

15. Leva de la válvula

16. Llave de regularizar la entrada del guarapo en el aparato 2 y 3

17. Aspiraciones de la meladura

18. Llave de encebar

19. Llave y tubo para lavar el tacho

20. Llave para botar la evaporación y la templa

21. Disposición para abrir y cerrar la llave

A. Espacio para el guarapo

B. Tubos que reciben el guarapo y meladura

C. Fondo

Válvula para cortar la comunicación del vapor

E. Plancha de bronce donde están ribeteados los tubos

F. 184 tubos de Ivara 7 pulgadas de alto y 4 pulgadas 3/4 de diámetro

Libros a la carta

A la carta es un servicio especializado para
empresas,
librerías,
bibliotecas,
editoriales
y centros de enseñanza;
y permite confeccionar libros que, por su formato y concepción, sirven a los propósitos más específicos de estas instituciones.

Las empresas nos encargan ediciones personalizadas para marketing editorial o para regalos institucionales. Y los interesados solicitan, a título personal, ediciones antiguas, o no disponibles en el mercado; y las acompañan con notas y comentarios críticos.

Las ediciones tienen como apoyo un libro de estilo con todo tipo de referencias sobre los criterios de tratamiento tipográfico aplicados a nuestros libros que puede ser consultado en Linkgua-ediciones.com.

Linkgua edita por encargo diferentes versiones de una misma obra con distintos tratamientos ortotipográficos (actualizaciones de carácter divulgativo de un clásico, o versiones estrictamente fieles a la edición original de referencia.).

Este servicio de ediciones a la carta le permitirá, si usted se dedica a la enseñanza, tener una forma de hacer pública su interpretación de un texto y, sobre una versión digitalizada «base», usted podrá introducir interpretaciones del texto fuente. Es un tópico que los profesores denuncien en clase los desmanes de una edición, o vayan comentando errores de interpretación de un texto y esta es una solución útil a esa necesidad del mundo académico.

Asimismo publicamos de manera sistemática, en un mismo catálogo, tesis doctorales y actas de congresos académicos, que son distribuidas a través de nuestra Web.

El servicio de «libros a la carta» funciona de dos formas.

1. Tenemos un fondo de libros digitalizados que usted puede personalizar en tiradas de al menos cinco ejemplares. Estas personalizaciones pueden ser de todo tipo: añadir notas de clase para uso de un grupo de estudiantes, introducir logos corporativos para uso con fines de marketing empresarial, etc. etc.

2. Buscamos libros descatalogados de otras editoriales y los reeditamos en tiradas cortas a petición de un cliente.

www.ingramcontent.com/pod-product-compliance
Lightning Source LLC
LaVergne TN
LVHW052351100826
845147LV00013B/817

9788499535982